Dr. med. Viola Andresen | Dr. med. Jörn Klasen
Dr. med. Matthias Riedl | Dr. med. Silja Schäfer

Die Ernährungs Docs

ANTI-AGING fürs GEHIRN

Mit Texten von Franziska Pfeiffer und Kathrin Burger
sowie Rezepten von Martina Kittler

Inhalt

Die Symbole bei den Rezepten

- Vegan
- Vegetarisch
- Antientzündlich (enthält entzündungshemmende Lebensmittel)
- Fettgesund (mind. [illegible] g mehrfach ungesättigte Fettsäuren pro 100 kcal)
- Low Carb (weniger als 30 Energie-% aus Kohlenhydraten)
- Proteinreich (mind. 20 g Eiweiß pro Portion)

Klüger essen, besser denken

Wir werden alle älter – damit müssen wir leben. Das heißt aber keineswegs, dass wir geistigen Abbau, den Verlust der mentalen Gesundheit und schwindende Kräfte einfach hinnehmen sollten. Mit der richtigen Ernährung und einem gesunden Lebensstil können wir viel tun, um länger im Kopf fit zu bleiben.

Es klingt beinahe nach Zauberei: Mit Heidelbeeren die Kommunikation zwischen den Gehirnzellen verbessern. Walnüsse als Powermittel fürs Gedächtnis einsetzen. Vitamin C als Beschleuniger für komplizierte Entscheidungen nutzen. Eier zum Erhalt der Gehirnmasse verspeisen und Gemüse als Anti-Aging-Medizin essen. Zu schön, um wahr zu sein? Nein, denn unsere Nahrung wirkt bis tief in die Zellen des Körpers und des Gehirns.

In diesem Buch geht es uns nicht um Unsterblichkeit, sondern darum, die gesunde Lebensphase zu verlängern. Denn das ist tatsächlich möglich. Wir können mit wenigen Maßnahmen dafür sorgen, dass wir länger leben und dabei geistig fit bleiben. Statt im Alter die Symptome zu behandeln, ist es ratsamer, sie zeitig zu verhindern. Damit kann man nicht früh genug beginnen, es ist aber auch nie zu spät. Vor allem in der Lebensmitte sollte man die Augen nicht länger vor den Gefahren verschließen, denn jetzt ist noch genug Zeit zum Gegensteuern. Mit einem Brain-gesunden Lebensstil kann jeder sein Gehirn auf Trab bringen und Reservekapazitäten schaffen, mit denen sich natürlichen Alterungsprozessen glücklicherweise so manches Schnippchen schlagen lässt.

Wir möchten Ihnen keine neuen Langlebigkeitspräparate, Wunderpillen oder angebliche Jungbrunnen-Cocktails empfehlen, sondern an Ihre Eigenverantwortung appellieren. Setzen Sie auf natürliche Therapien, die es in Form von unverarbeiteten Lebensmitteln in jedem Supermarkt gibt! Warten Sie nicht, bis vermeintliche Verjüngungsmedikamente erfunden und teuer verkauft werden, sondern kochen Sie sich Ihre Anti-Aging-Rezepte einfach selbst! Denn diese sind sofort verfügbar und garantiert frei von unerwünschten Risiken und Nebenwirkungen. Sorgen Sie vor, so lange das noch möglich ist! Die Gene setzen uns zwar Grenzen, bieten aber auch zahlreiche Stellschrauben, an denen Sie drehen können. Das gilt nicht nur für die Ernährung. Das menschliche Gehirn wächst mit seinen Aufgaben. Es mag Herausforderungen, Konzentration im Wechsel mit Entspannung, Lernen mit Freude, tiefen Schlaf in der Nacht und Abwechslung am Tag. Auch Bewegung ist höchst willkommen. Denn Gehirnverbindungen stabilisieren sich, wenn wir körperlich aktiv sind.

Ob mit Haferflocken, Heidelbeeren, Olivenöl, Pilzen, Gemüse, Zitrusfrüchten oder anderen gesunden Nahrungsmitteln – unsere mehr als 65 leckeren Brain-Food-Rezepte unterstützen Sie bei Ihrer Ernährungsumstellung. Denn sie enthalten genau die Stoffe, die das Gehirn braucht, um jung zu bleiben.

Wir wünschen Ihnen ein langes gesundes Leben und einen guten Appetit!

Heute schon für morgen sorgen

Ein langes gesundes und selbstbestimmtes Leben – wer wünscht sich das nicht? Körperliche und geistige Fitness sind die wichtigsten Voraussetzungen dafür. Beides lässt sich mit dem richtigen Lebensstil lange erhalten. Was wir heute dafür tun können, sollten wir nicht auf morgen verschieben. Wie wir jetzt in der Gegenwart essen, uns bewegen und uns beschäftigen, wie wir schlafen und sogar wie wir atmen – all das hat einen großen Einfluss auf das Funktionieren unseres Gehirns. Gewinnen Sie vor allem mit der optimalen Ernährung wertvolle Lebensjahre!

Der richtige Lebensstil: So bleiben Sie jung im Kopf

Älter werden und dabei jung bleiben – das ist ein ewiger Traum der Menschheit. Er kann heute mehr denn je in Erfüllung gehen, wenn wir die Weichen rechtzeitig stellen. Die richtige Ernährung ist dabei ein wichtiger Schlüssel zum Erfolg. Doch auch andere Faktoren spielen eine Rolle, damit unser Gehirn lange leistungsstark bleibt.

Die gute Nachricht vorweg: Wir werden immer älter. Unser Leben hat sich in den letzten hundert Jahren kontinuierlich verlängert. Im Vergleich zur Generation vor uns dürfen wir 20 Jahre mehr auf der Welt verbringen. Das heißt, dass wir nicht mehr sterben, wenn das Berufsleben zu Ende ist, sondern danach noch viele Jahre, manchmal sogar Jahrzehnte aktiv gestalten können. In dieser „Bonuszeit", wie die neue Phase im letzten Drittel des Lebens auch bezeichnet wird, geht es uns vielleicht noch so gut, dass wir die „geschenkten Jahre" genießen können – oftmals frei von alltäglichen Verpflichtungen und ökonomischen Zwängen. Wie das gelingt, hängt vor allem davon ab, ob wir körperlich und geistig gesund bleiben. Älter werden ist immer noch mit vielen berechtigten Ängsten verbunden: Wir fürchten uns vor Krankheit, Schmerz, Verlusten, Einsamkeit, Trauer, Unselbstständigkeit und vor allem davor, sprichwörtlich den Verstand zu verlieren. Das ist naheliegend, denn niemand kann verhindern, dass die Zeit vergeht. Doch jede und jeder kann etwas dafür tun, diese möglichst lange auf erfreuliche Weise zu nutzen.

Wirkung schon nach wenigen Wochen

An diesem Punkt setzen wir in diesem Buch an: Wie sollten wir essen, damit die grauen Zellen lange fit bleiben? Worauf kommt es beim Thema Bewegung an? Was haben Hobbys, Schlaf und Bildung damit zu tun? Welche Rolle spielen Familie, Freunde und Bekannte? Unser Programm setzt dabei auf die richtige Ernährung, geht aber auch ganzheitlich weit darüber hinaus, denn für ein leistungsfähiges Gehirn brauchen wir mehrere Bausteine. Mit der richtigen Kombination aus Essen, Bewegung, Schlaf und Entspannung wirken verschiedene Maßnahmen schon nach wenigen Wochen bis auf die Zellebene tief in den Körper hinein

Nicht nur eine Frage der Gene

Während das kalendarische Alter (also das, welches im Ausweis steht) nicht aufzuhalten ist, können wir das biologische in nur zwei Monaten um bis zu drei Jahre zurückdrehen – das hat eine Pilotstudie des Institute for Functional Medicine in Washington ergeben. Mit einem gesunden Lebensstil lässt sich demnach das Muster der Anlagerungen in der DNA tatsächlich verändern. Dazu muss man wissen, dass nur ein Teil, nämlich zehn bis 20 Prozent, unseres Erbguts festgelegt und unveränderbar ist. Die Disziplin der Epigenetik (abgeleitet aus dem griechischen „epi" für „über" oder „daneben") beschreibt das Zusammenspiel der Gene und der Umwelt. Dank der Forschungen auf diesem Gebiet ist heute bekannt, dass Strukturen und Zustände der DNA durch äußere Einflüsse veränderbar sind – also verbessert, verschlechtert werden oder gleich bleiben können. Das gilt auch für die ererbten Anlagen, die über den individuellen Alterungsprozess eines Menschen bestimmen.

Die Altersuhr zurückdrehen

Ein Team um die Ärztin Kara Fitzgerald im amerikanischen Connecticut untersuchte 43 gesunde männliche Probanden zwischen 50 und 72 Jahren. Die eine Hälfte stellte ihren Lebensstil für die Dauer von acht Wochen um. Diese Teilnehmer mussten viel Gemüse, wenig tierisches Eiweiß und nur geringe Mengen an Kohlenhydraten essen und über Nacht zwölf Stunden fasten. Dazu bekamen sie sekundäre Pflanzeninhaltsstoffe als Nahrungsergänzungsmittel und probiotische Präparate mit Milchsäurebakterien. Außerdem standen jeden Tag eine halbe Stunde Sport, mindestens sieben Stunden Schlaf und regelmäßige Entspannung mit Atemübungen auf dem Programm. Die Vergleichsgruppe veränderte nichts an ihrem Lebensstil. Danach zeigten sich bei DNA-Proben deutliche Veränderungen. Das Ergebnis: Die aktive Gruppe hatte sich epigenetisch verjüngt, ihre messbare „Altersuhr" war um 1,96 Jahre zurückgedreht, während die Kontrollgruppe um 1,27 Jahre älter geworden war. Im Durchschnitt lag der Unterschied zwischen beiden Probandengruppen bei mehr als drei Jahren.

Bis zu zehn zusätzliche Jahre

Andere Forschungen der Harvard School of Public Health in Boston zeigten längerfristige Folgen, wenn es gelingt, den Lebensstil nicht nur für ein paar Wochen, sondern dauerhaft zu verbessern. Demnach können Männer ihr Leben um sieben gesunde Jahre verlängern, Frauen gewinnen sogar bis zu zehn zusätzliche Jahre ohne schwerwiegende Zivilisationskrankheiten. Frauen, die bis zu ihrem 50. Lebensjahr ausgewogen und gesund essen, nicht rauchen, sich jeden Tag eine halbe Stunde bewegen, normalgewichtig bleiben und nur sehr wenig oder gar keinen Alkohol trinken, dürfen sich statistisch gesehen noch auf 34 Lebensjahre freuen. Bei Gleichaltrigen, die keine der fünf Kriterien erfüllen, sind es dagegen nur 24 Jahre. Männer, die auf ihre Gesundheit achten, kommen auf 31 Jahre nach dem 50. Geburtstag und ebenfalls auf nur 24, wenn sie einen schlechten Lebensstil pflegen. Es lohnt sich also für beide Geschlechter, die Weichen rechtzeitig zu stellen.

Gehirn von Herz-Kreislauf-System abhängig

Körperliche und geistige Gesundheit lassen sich dabei kaum trennen, denn das eine bedingt das andere. Das zeigt sich zum Beispiel am Zustand der Gefäße, die nicht nur die Herzgesundheit beeinflussen, sondern auch das Gehirn. Dort werden Störungen allerdings selten oder zu spät erkannt. Menschen mit Arteriosklerose haben beispielsweise ein erhöhtes Risiko für Schlaganfälle, das mit Durchblutungsstörungen im Gehirn einhergeht und vernetzende Strukturen zerstört. Dieser Prozess wiederum fördert die Entstehung der sogenannten vaskulären Demenz, einer Erkrankung der Hirngefäße. Auch starkes Übergewicht (Adipositas) lässt die Hirnzellen schneller altern, weil es die Herzfunktion belastet. Schließlich ist unser Oberstübchen auf das Herz-Kreislauf-System angewiesen, das es mit Sauerstoff und Nährstoffen versorgt.

Demenz: Prävention kann den Verlauf verzögern

Alzheimer-Demenz gehört zu den gefürchteten Alterskrankheiten (siehe Seite 24). Es gibt verschiedene Formen, die alle eines gemeinsam haben: Das Gehirn verliert langsam seine Funktionen und die geistige Leistungskraft lässt nach. Trotz intensiver Forschungen ist eine Heilung nach dem aktuellen Stand der Wissenschaft nicht möglich. Umso wichtiger ist deshalb die Prävention. Damit kann man die Krankheit an sich zwar nicht verhindern, aber hinauszögern und aufhalten. „Die goldenen Jahre gibt es nicht umsonst", heißt es zu Recht. Verstehen Sie das als Appell für einen gesunden Lebensstil!

STÄRKENDE STOFFE FÜRS GEHIRN

Tatsächlich gibt es Lebensmittel, die dem Abbau kognitiver Fähigkeiten entgegenwirken und das Demenzrisiko senken, indem sie das Gehirn mit ihren Wirkstoffen positiv beeinflussen. So entsteht die gefürchtete Alzheimer-Erkrankung vermutlich durch Proteinablagerungen im Gehirn (siehe Seite 24), die sich mit Brain Food, also einer gehirnstärkenden Ernährung, reduzieren lassen. Im Zentrum steht dabei die mediterrane Kost – mit viel Gemüse, Salat, Hülsenfrüchten, Beeren, zuckerarmem Obst, Fisch, Meeresfrüchten, kalt gepresstem Olivenöl, Nüssen und Vollkornprodukten. Dazu gibt es nur wenig mageres Fleisch und geringe Mengen an Milchprodukten. Alles wird frisch und so wenig wie möglich verarbeitet gegessen, regional und nach Saison gekauft. Auch Kräuter wie Basilikum oder Salbei und Gewürze wie Kurkuma oder Safran können die Gehirn-Fitness unterstützen, wenn sie regelmäßig auf den Tisch kommen.

Sport treiben, richtig atmen

Um das Gehirn gesund zu halten, können wir neben der Ernährung noch mehr tun. Blutdruck und Blutzucker sollten nicht zu hoch und die Blutfette gut eingestellt sein. Regelmäßige Bewegung ist unerlässlich, denn beim Sport werden die grauen Zellen verstärkt mit Sauerstoff und Nährstoffen versorgt. Aber es passiert noch mehr: Das Gehirn bildet neue Verknüpfungen und repariert Hirnzellen effektiver. Mit Ausdauer- und Koordinationstraining lässt sich die Altersuhr ein bisschen zurückdrehen. Dazu gibt es auch regelrechte Brain-Sportarten wie Tischtennis, Gymnastik mit Musik oder Trampolinspringen, die noch intensiver wirken. Selbst die Atmung kann zur Verjüngungskur werden, wenn wir sie mit einfachen Übungen verbessern. Wenn wir etwas Neues lernen, ist das ebenfalls effektives Hirntraining. Ob eine Sprache, ein Musikinstrument oder Konzentrationstraining – selbst wenn das Lernen mit zunehmendem Alter länger dauert, lohnt sich der Aufwand.

Im Schlaf das Altern aufhalten

Hinzu kommt: Wer sich in einem guten sozialen Umfeld bewegt, verlässliche Kontakte zu wertschätzenden Menschen pflegt und auch im Ruhestand geistig aktiv bleibt, schützt das Gehirn vor allzu schnellem Abbau. Und ganz nebenbei können wir auch über Nacht noch etwas fürs Köpfchen tun, indem wir die Schlafqualität verbessern. Ausreichend Schlaf gilt als wahre Wunderwaffe gegen das Altern, denn während wir schlummern, erneuern sich die Zellen. Wir fühlen uns besser. Der Körper produziert das Wachstumshormon Somatotropin, das die natürlichen Alterungsprozesse verlangsamt und Regeneration sowie Reparaturen fördert. Mehr dazu erfahren Sie in späteren Kapiteln ab Seite 46.

Wunderwerk Gehirn

Alterungsprozesse und Gehirnleiden sind nicht nur Schicksal, denn das menschliche Gehirn ist ein Leben lang formbar. Wird das Meisterwerk der Evolution gut gepflegt und effektiv trainiert, bleibt es geschmeidig. Je mehr wir es benutzen, desto besser geht es ihm.

Unser Denkorgan ist immer in Bewegung. Es entscheidet, wie schnell wir Neues lernen, ob wir uns gut konzentrieren können, ob wir glücklich sind oder gestresst. Seine Zellen verarbeiten Sinneswahrnehmungen und dirigieren Muskelarbeit. Dafür braucht es neben Nerven- und anderen Spezialzellen zahlreiche Botenstoffe. Gleichgültig, was wir tun, das Gehirn verändert sich dabei ständig. Und das ist auch gut so. Denn unser Oberstübchen braucht – genau wie der Körper – regelmäßig Herausforderungen, um in Form zu bleiben. Die Zeiten sind zum Glück vorbei, in denen man glaubte, das Gehirn sei mit dem Ende der Jugend ausgewachsen und danach nicht mehr veränderbar. Heute weiß man, dass das Gegenteil der Fall ist. Mit entsprechendem Training bleibt die Denkzentrale länger fit. Nur wenn sie zu wenig genutzt wird, bildet sie sich zurück. Natürlich altert das System wie jedes andere menschliche Organ mit den Jahren. Die Informationsverarbeitung wird träger, Krankheiten können die grauen Zellen befallen. Doch das ist kein Grund, den Kopf in den Sand zu stecken.

Wahrnehmen, speichern, anweisen

Unser Gehirn ist etwa so groß wie eine Grapefruit und besteht aus rund 86 Milliarden Nervenzellen. Hinzu kommt ein Vielfaches an Synapsen, also Kontaktstellen, sowie Nervenfasern, über die elektrische Signale weitergeleitet werden. Auch chemische Botenstoffe, sogenannte Neurotransmitter, spielen im Gehirn eine wichtige Rolle (siehe Seite 20). Dazu zählen etwa Acetylcholin, Dopamin oder Serotonin. Von den Nervenzellen gebildet, leiten sie elektrische Signale zwischen den Synapsen weiter. Unsere Denkzentrale kann so Reize wahrnehmen, Informationen speichern, aber auch Anweisungen an Organe und Muskeln erteilen. Egal ob wir einen Vogel zwitschern hören, einen Freund umarmen, eine Speise genießen oder einen Vortrag halten – all dies ist nur durch den Supercomputer namens Gehirn mit seinem Neurotransmitter-Cocktail möglich.

Anders als ein Computer kann die Denkzentrale aber auch selektieren: Sie entscheidet, was wichtig ist und gespeichert werden muss. Häufig sind das Ereignisse, die mit starken Emotionen, Gerüchen oder Geschmacksempfindungen verknüpft waren. Denn dabei verbinden sich die Nervenzellen besonders effektiv. Trockene Daten und Fakten hingegen geraten schneller in Vergessenheit.

Viele verschiedene Aufgaben

Das Gehirn setzt sich aus verschiedenen überwiegend symmetrisch erscheinenden Teilen zusammen, die unterschiedliche Aufgaben erfüllen. Im Zentrum liegt das Großhirn mit der rechten und linken Hälfte, das etwa 80 Prozent der gesamten Hirnmasse ausmacht. Die Hälften bestehen aus Stirn-, Scheitel-, Schläfen- und Hinterhautlappen und sind durch Nervenfasern miteinander verbunden. Die Verbindungen vom Kopf in den Körper laufen über Kreuz: Die rechte Hälfte steuert die linke Körperseite und umgekehrt. Das Großhirn ist unter anderem fürs Sprechen, Hören, Denken und Behalten verantwortlich, verarbeitet Sinneseindrücke und kontrolliert Bewegungen. Dabei kümmert sich die linke Hirnhälfte um sprachliches und abstraktes Denken, die rechte ist auf räumliches Denken spezialisiert. Den Aufbau und weitere Zuständigkeitsbereiche sehen Sie in der Grafik rechts.

Besser einordnen, besonnener reagieren

Die Leistungsfähigkeit unserer grauen Zellen erreicht im Alter von 30 Jahren ihren Höhepunkt. Von da an schrumpft das Hirnvolumen jährlich um 0,2 Prozent, ab 60 Jahren sind es sogar 0,5 Prozent. Das ist der Grund, warum ältere Menschen oft nicht mehr so leicht Neues lernen, länger brauchen, um Dinge zu erledigen, oder auch vergesslicher werden, was kurz zurückliegende Ereignisse betrifft. Wichtig ist dabei, das Altern nicht zu pathologisieren. Denn es hat auch Vorteile: Ältere Menschen haben zum Beispiel eine sogenannte kristalline Intelligenz. Das heißt, sie können Ereignisse besser einordnen und besonnener darauf reagieren als junge Menschen. Der Erfahrungsschatz kann zudem Jüngere bereichern. Das Alter bringt darum oftmals auch Gelassenheit und Zufriedenheit mit sich. Insgesamt gibt es eine erhebliche Spannbreite zwischen den Menschen, was Alterungsprozesse anbelangt. Manche bleiben bis in ihre 80er- und 90er-Jahre geistig fit, andere haben bereits mit 60 Jahren oder früher Probleme beim Denken und Erinnern.

Bestimmte Hirnregionen können im Alter noch wachsen

Wenn es um die Frage geht, ob wir bis ans Ende unseres Lebens lernen können, spielen die Verbindungen zwischen den Nervenzellen, die Synapsen, eine wichtige Rolle. Sie verstärken sich, wenn man etwas Neues aufnehmen und verarbeiten muss. Auf diesem Gebiet können bestimmte Hirnregionen sogar im Alter noch wachsen, während andere schwächer werden. Das heißt, dass ältere Menschen bestimmte Areale unwillentlich aktivieren können, um andere zu kompensieren, die nicht mehr so gut funktionieren.

Wie wir Gehirnerkrankungen begegnen können

Neben den normalen Abbauprozessen gibt es zahlreiche Krankheiten, die das sensible System aus dem Gleichgewicht bringen können. In Deutschland werden jedes Jahr etwa eine Million Patientinnen und Patienten mit Gehirnerkrankungen behandelt. Dank moderner Medizin können viele geheilt werden – oder es gelingt, zumindest die Lebensqualität der Betroffenen mit fortschrittlichen Therapien zu verbessern. Zu den Erkrankungen des Gehirns zählen Autismus, Suchterkrankungen, Depressionen, Angst- und Schlafstörungen, verschiedene Formen des Kopfschmerzes, Migräne, Fatigue, Multiple Sklerose, Demenzen, Parkinson, Schizophrenie, Schlaganfall oder Gehirntumoren. Diese Leiden haben praktisch immer eine genetische Komponente, sind aber trotzdem beeinflussbar.

Und das ist die gute Nachricht: Das Gehirn bleibt lebenslang plastisch und fluide – man ist also zumindest einigen dieser Krankheiten durch ausgewähltes Brain Food (siehe Seiten 30 ff.) nicht völlig schutzlos ausgeliefert. Studien belegen außerdem: Hirnfreundliche Ernährung hilft uns, fröhlicher, konzentrierter und energiegeladener zu sein, verhindert aber auch allzu große altersbedingte Verluste an Hirnvolumen. Bewegung, erholsamer Schlaf, richtige Atmung, soziale Kontakte, Bildung, Naturerfahrungen und Hobbys sind obendrein wahre Beschützer des komplexen Neuronen-Netzwerks in unserem Oberstübchen.

Ein Blick ins Gehirn: Was ist wofür zuständig?

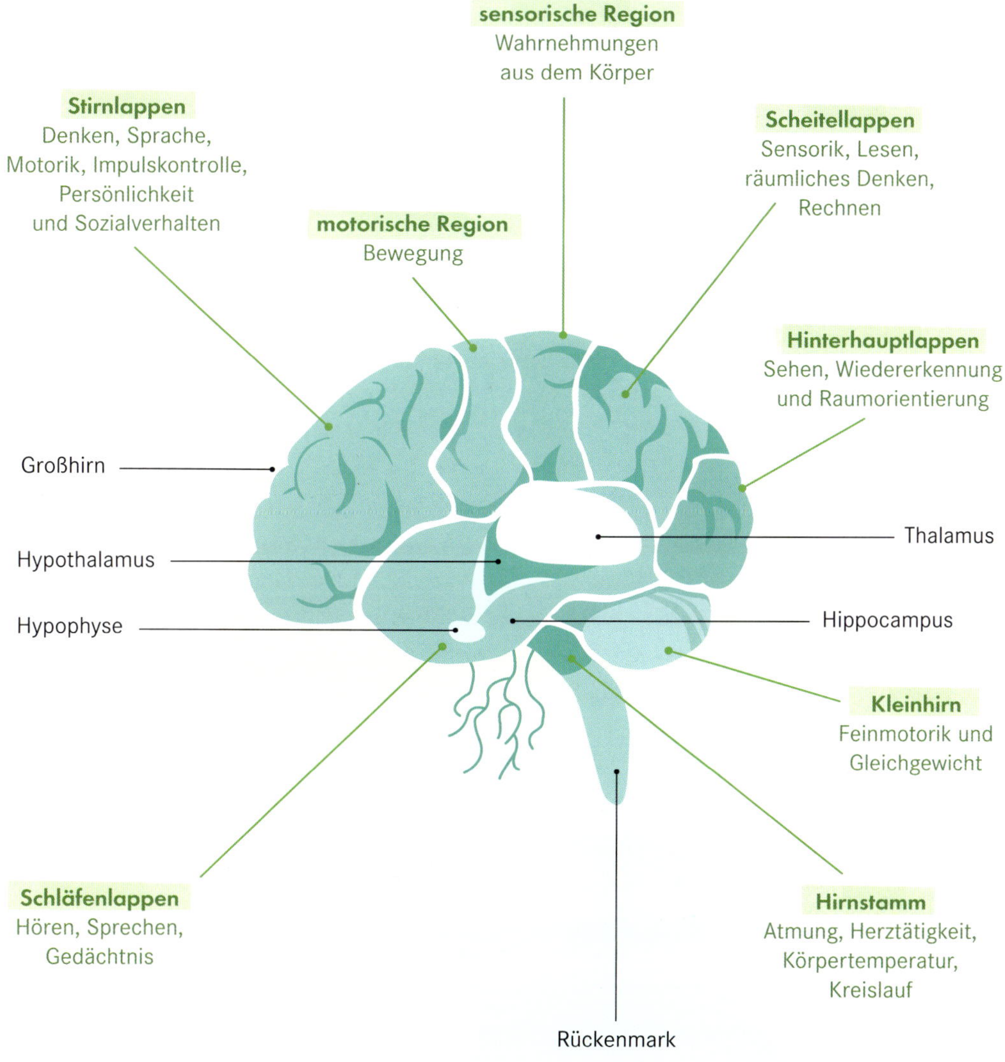

Verblüffendes über das Gehirn

Es sieht aus wie eine Walnuss, ist schmerzfrei und schlaflos. Seine Nervenbahnen sind so lang, dass sie 145-mal um die Erde reichen würden. Das Gewicht eines Gehirns hat nichts mit der Intelligenz seiner Besitzer zu tun. Lesen Sie hier, wodurch sich das zentrale Denkorgan auszeichnet.

Viele, viele kleine Zellen

In unseren Köpfen ist viel los: Das menschliche Gehirn verfügt über etwa 86 Milliarden Zellen, wie Hochrechnungen auf der Basis von Zählungen in einzelnen kleineren Abschnitten ergaben. Genauere Messungen zeigen, dass die Dichte der Nervenzellen in jeder Hirnregion unterschiedlich ist.

WIE EINE WALNUSS

Die Kommandozentrale im Kopf sieht von außen aus wie eine riesige Walnuss. Würde man alle Falten und Furchen glatt streichen, ergäbe sich eine Fläche zwischen einem und zwei Quadratmetern. Die raffinierte Falttechnik macht es möglich, viel Hirnrinde auf wenig Platz unterzubringen.

Gewicht und Intelligenz

Das menschliche Gehirn wiegt im Durchschnitt 1,3 Kilogramm. Zum Vergleich: Das eines Wals bringt es auf knapp zehn Kilogramm, das einer Honigbiene auf ein Milligramm. Für den Intelligenzquotienten spielen Größe und Gewicht allerdings nur eine untergeordnete Rolle. Albert Einsteins Denkzentrale soll 1230 Gramm gewogen haben.

145-MAL UM DIE WELT

Würde man die Nervenbahnen eines erwachsenen Gehirns wie ein Band ausbreiten, käme man auf eine Länge von 5,8 Millionen Kilometern. Damit ließe sich die Erde 145-mal umwickeln.

Schmerzfrei

Im Gehirn können wir keine Schmerzen empfinden, das komplizierte Organ besitzt keine eigenen Schmerzrezeptoren. Kommt es zu Kopfweh, liegt das nicht am Gehirn, sondern an Entzündungen der Blutgefäße in der Hirnhaut.

EIN ENERGIEFRESSER

Unsere Denkzentrale macht zwar nur zwei Prozent des durchschnittlichen Körpergewichts eines Menschen aus, verbraucht aber 20 Prozent der Energie, die dem Organismus zur Verfügung steht – bei Stress sogar noch mehr. Das Gehirn benötigt damit doppelt so viel Energie wie das Herz.

Gefährliche Kopfbälle

Das Gehirn ist durch die Schädeldecke gut geschützt. Trotzdem kann es zu chronischen Entzündungen kommen, wenn - vor allem im Profifußball - wiederkehrende leichte Schädelhirntraumata durch viele Kopfbälle ausgelöst werden. Langfristig kann das Gehirn dadurch Schaden nehmen, das Risiko für Demenz steigt mit der Häufigkeit und Schwere von Kopfverletzungen. In England sind Kopfbälle im Kindertraining deshalb verboten.

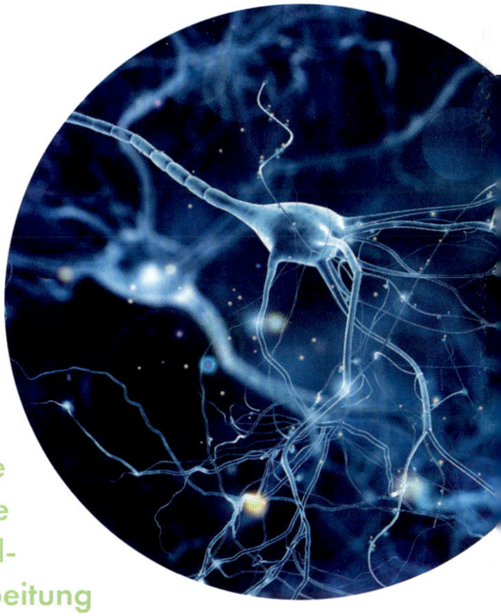

GRAUE ZELLEN

Wenn wir von „grauen Zellen" sprechen, sind damit keine Alterserscheinungen gemeint. Der Begriff ist von der Farbe der grauen Großhirnrinde abgeleitet, die viele Nervenzellkörper enthält, die maßgeblich an der Informationsverarbeitung beteiligt sind. Dieser Bereich des Gehirns wird im Fachjargon als „graue Substanz" bezeichnet.

Kompensation durch Erfahrung

„Ich fühle mich im Geiste jünger, als ich bin." Das sagen ältere Menschen gerne. Ist es ein Zeichen dafür, dass das Gehirn langsamer altert als der Körper? Leider nicht, denn mit den Jahren nehmen Durchblutungsstörungen auch im Kopf zu und Zellen sterben ab. Das Gehirn kann das aber lange kompensieren: Die abnehmende Leistung lässt sich dann durch Erfahrung ausgleichen.

Treibstoff für ein fittes Köpfchen

Unser Gehirn kann nur zur Höchstform auflaufen, wenn es genügend Nährstoffe bekommt. Und ohne ausreichend Flüssigkeit geht gar nichts im Oberstübchen. Welches Essen braucht das Gehirn und wie genau wirken Lebensmittel, die gut fürs Denken und Lernen sind?

Es ist klar, dass ein so unfassbar schnell und präzise arbeitendes Informationssystem wie unser Gehirn Input braucht. Damit es mit seinen Abermillionen Zellen funktionieren kann, benötigt es ausgewählte Nährstoffe, die einerseits Treibstoff und andererseits Bausubstanz für Zellmembranen oder Botenstoffe sind. Einige Mikronährstoffe schützen das ausgeklügelte System auch vor schädlichen freien Radikalen oder spielen bei der Reizweiterleitung eine maßgebliche Rolle. Dass nur die nützlichen Substanzen aus dem Blut zu den Nervenzellen gelangen, dafür sorgt die Blut-Hirn-Schranke. Sie umhüllt gewissermaßen die Blutgefäße und hindert schädliche Substanzen oder Bakterien am Übertritt ins Gehirn.

WASSER FÜR DAS DURSTIGE GEHIRN

Für ein leistungsstarkes Gehirn ist es wichtig, ausreichend zu trinken. Denn die graue Masse besteht zu 80 Prozent aus Wasser – im Rest des Körpers sind es etwa 67 Prozent. Ist das Denkorgan nicht ausreichend mit Flüssigkeit versorgt, erhöhen sich die Stresshormonspiegel. Die Folgen sind Müdigkeit, Konzentrationsstörungen oder Kopfschmerzen. Akut können dann auch Kreislaufprobleme oder sogar Nierenversagen auftreten. Wasser ist unser Lebenselixier. Wer dauerhaft zu wenig trinkt, treibt Alterungsprozesse in seinem Körper voran, da die Neuronen schrumpfen. Eine ausreichende Flüssigkeitszufuhr regt zudem den Kreislauf an. Das fördert die Durchblutung aller Organe, die dadurch indirekt auch besser mit Sauerstoff und Nährstoffen versorgt werden. Weil wir Wasser anders als Nahrung kaum speichern können, müssen wir regelmäßig für Nachschub sorgen.

Als Faustregel gilt: Trinken Sie mindestens 2 l Wasser oder ungesüßten Tee täglich. Die grobe Richtlinie sind mind. 30 ml Flüssigkeit je Kilogramm Körpergewicht.

GLUKOSE ALS ENERGIELIEFERANT

Der zweite wichtige Rohstoff: Energie. So wie ein Supercomputer nur durch unzählige Terrabytes Serverkapazität läuft, ist auch das menschliche Gehirn auf Treibstoffe angewiesen. Gehirnzellen bevorzugen dabei den Energielieferanten Glukose – sie verbrennen täglich 140 Gramm davon, das entspricht etwa drei Viertel der im ganzen Körper verbrauchten Glukosemenge. Das Oberstübchen ist also ein echter Zuckervielfraß. Und dabei ist es ziemlich egal ob wir fernsehen, für eine Prüfung lernen oder über einem Sudoku brüten. Rund die Hälfte der Energie verbrauchen Nervenzellen für ihren normalen Stoffwechsel, also auch wenn sie nicht feuern. Von der anderen Hälfte wird ein Teil zur Bildung elektrischer Signale verbrannt, mit denen die Nervenzellen kommunizieren. Das Gehirn ist zwar rund um die Uhr aktiv, hat aber im Schlaf einen deutlich geringeren Energiebedarf. Wenn tagsüber Glukose knapp wird, meldet das Gehirn: Ich habe Hunger! In sehr seltenen Fällen – wenn es dem Körper nicht gelingt, auf Ketone umzustellen – kann es ohne Glukosenachschub zu neurologischen Ausfällen kommen:

Ohnmacht, Koma und nicht heilbare Gehirnschäden. Daher werden Zuckermoleküle aus dem Blut ins Gehirn unabhängig vom Hormon Insulin aufgenommen. Anders als in anderen Organen, wo Glukose nur mithilfe von Insulin in die Zellen gelangen kann.

Man könnte nun meinen, dass man dem Gehirn mit reichlich Süßigkeiten eine Freude bereite, weil es dadurch ständig Energie zur Verfügung hätte und gesund bliebe. Das ist jedoch nicht der Fall! Zwar kann Zucker etwa als ein Traubenzucker-Plättchen kurzfristig kreative Prozesse beflügeln oder die Konzentration erhöhen, da der Blutzuckerspiegel schnell und stark ansteigt. Danach fällt er jedoch ebenso steil wieder ab, was zu Unkonzentriertheit und Unruhe führt. Wirksam als gute Energielieferanten sind daher komplexe Kohlenhydrate, die der Körper langsam und stetig abbaut. Der Blutzuckerspiegel steigt so nur wenig und bleibt länger stabil. Ideal: Wenn komplexe Kohlenhydrate gemeinsam mit Fett und Eiweiß aufgenommen werden, sorgen sie für einen gleichmäßigeren Blutzuckerspiegel. Das Gehirn kann dann verlässlich Höchstleistungen bringen. Zudem schaden zu viel Zucker sowie einfache Kohlenhydrate – und damit verbunden das ständige Auf und Ab des Blutzuckerspiegels – langfristig unserem Gehirn. Denn damit werden Entzündungsprozesse angefacht – die geistige Fitness lässt nach. Und noch etwas spricht gegen Zuckerkonsum: Wenn wir regelmäßig, und sei es nur in kleinen Mengen, Süßkram essen, lernt das Gehirn, weiterhin genau auf diese Lebensmittel Appetit zu haben – das zeigt eine aktuelle Studie. Denn durch die tägliche Portion Zucker wird besonders die Region im Gehirn aktiviert, die für Motivation und Belohnung zuständig ist.

Als Faustregel gilt: Setzen Sie auf komplexe, also langsam verdauliche Kohlenhydrate aus Vollkorn, Hülsenfrüchten und Gemüse. Meiden Sie Süßes und achten Sie vor allem auch auf versteckte Zucker!

KUMMERSPECK

Unter Stress schnellt der Zuckerbedarf des Gehirns bis auf 95 Prozent der im ganzen Körper verbrauchten Glukosemenge hoch. Bei Bedarf leert es die Glykogenspeicher aus Muskeln und Organen wie der Leber, da es selbst keine Reserven bildet. „Brain Pull“ wird dieser Mechanismus genannt, der 1998 entdeckt wurde. Chronischer Stress führt demnach zu einem Zuckernotstand im Gehirn und dem ständigen Verlangen nach mehr Nahrung. Auf Dauer macht Stress darum viele Menschen dick.

ESSENZIELL: EIWEISS

Eiweiße sind lebenswichtige Nährstoffe, die im Körper als Bausubstanz für Zellbestandteile, Enzyme, Botenstoffe oder Transportproteine dienen. So bestehen auch die im Gehirn gebildeten Neurotransmitter (siehe Seite 20) aus Eiweißstrukturen, den Aminosäuren. Einige dieser Aminosäuren sind essenziell, das heißt, sie müssen aus der Nahrung aufgenommen werden, weil der Körper sie nicht selbst produzieren kann.

+ Insbesondere die Aminosäure Tryptophan ist ein wichtiger Mitspieler im Gehirnstoffwechsel (siehe Seite 20). Ein Tryptophanmangel führt zu Entzündungen im zentralen Nervensystem (ZNS).
+ Auch die Aminosäure Methionin scheint für eine längere Lebensdauer der Neuronen wichtig zu sein.
+ Tyrosin wird für den Aufbau von Dopamin und Noradrenalin (siehe Seite 20) gebraucht.
+ Dass die Gefäße geweitet sind und das Gehirn mit ausreichend Sauerstoff versorgt wird, dafür sorgt wiederum die Aminosäure Arginin. Diese ist für Kleinkinder und Senioren essenziell, für Erwachsene jedoch nicht.

Wie viele der essenziellen Aminosäuren in einem Lebensmittel enthalten sind, das gibt die sogenannte biologische Wertigkeit (BW) an. Generell liefern tierische Lebensmittel etwas mehr essenzielle Aminosäuren als pflanzliche. Wenn man pflanzliche Zutaten klug kombiniert – etwa Getreide mit Hülsenfrüchten –, lässt sich dieser Mangel aber gut ausgleichen und die biologische Wertigkeit erhöhen.

Es gibt bislang keine verlässlichen Studien, die eindeutig besagen, ob tierisches oder pflanzliches Protein besser für das Gehirn ist. Sicher ist aber, dass ein Zuviel an tierischen Lebensmitteln, vor allem an verarbeitetem Fleisch, das Risiko für diverse Volksleiden erhöht und damit auch dem Gehirn schaden kann. Insbesondere das Risiko für Arterienverkalkung steigt bei Menschen, die bereits unter Diabetes, Bluthochdruck und erhöhten Blutfetten leiden, durch einen hohen Fleischverzehr. Pflanzeneiweiß reduziert hingegen das Infarktrisiko und sorgt für eine gute Sauerstoffversorgung im Gehirn.

Als Faustregel gilt: Viel Eiweiß steckt in Fisch, magerem Fleisch, Eiern und Milchprodukten (Quark, Joghurt, Skyr, Käse). Auch Hülsenfrüchte, Vollkorn, Nüsse, grünes Gemüse und Algen liefern hochwertiges Eiweiß.

WERTVOLLE FETTSÄUREN

Das Gehirn besteht zu einem Großteil aus fetthaltigen Substanzen. So befinden sich in den Zellmembranen und vor allem den Myelinscheiden rund um die Nervenbahnen große Mengen an Fetteinlagerungen. Dadurch werden die Neuronenwände besonders geschmeidig und flexibel. Vor allem die langkettige Omega-3-Fettsäure DHA (Docosahexaensäure) ist ein Bauteil der Zellmembran von Neuronen. DHA verbessert die Kommunikation zwischen den Nervenzellen, da sie die Anzahl der Rezeptoren für Neurotransmitter an der Zelle erhöht. Die Botenstoffe können dort dann verstärkt andocken und die Signale weitergeben. Zudem gibt es Hinweise darauf, dass DHA das Wachstum der Gehirnzellen optimieren könnte. Die mehrfach ungesättigten Fettsäuren fördern zudem die Durchblutung feiner Blutgefäße, wie sie sich im Gehirn finden. Der Körper kann DHA aus pflanzlichen Omega-3-Fettsäuren in gewissem Maße selbst herstellen.

Andere Fette sind im neuronalen Netzwerk ebenfalls wichtig. So ist Lecithin am Stoffwechsel von Neurotransmittern beteiligt – es steckt in Eigelb, Sojabohnen oder Sonnenblumenkernen. Schließlich spielen fetthaltige Substanzen auch im Zusammenspiel mit fettlöslichen Vitaminen eine entscheidende Rolle.

Als Faustregel gilt: Nüsse, Samen und kalt gepresstes Lein-, Raps-, Walnuss- und Hanföl liefern mehrfach ungesättigte Fettsäuren. DHA kann man aber auch gut über fettreichen Meeresfisch und Algen(öl) aufnehmen.

VITAMIN-POWER

Vor allem B-Vitamine sind wichtig für unser Denkorgan. Dazu zählen die Vitamine B6 (Pyridoxin) und B12 (Cobalamin), B5 (Pantothensäure), Biotin, B3 (Niacin) sowie B9 (Folsäure). Sie alle tragen zu einer normalen Funktion des Nervensystems bei, etwa zur Bildung von Neurotransmittern. Vitamin B12 ist zudem ein wichtiger Baustoff der sogenannten Myelinscheiden, die die Ausläufer (Axone) der Nervenzellen schützen. Ein Vitamin-B12-Mangel setzt deshalb dem Gehirn zu: Die Konzentrationsfähigkeit sinkt, das Gedächtnis macht immer öfter schlapp, sogar Depressionen können die Folge sein. Auch das Risiko für einen Schlaganfall steigt. Da das Vitamin nur in tierischen Quellen in einer Variante vorkommt, die unser Körper nutzen kann, sollten Pflanzenkost-Fans die Blutwerte regelmäßig bei ihrer Ärztin oder ihrem Arzt kontrollieren lassen. Vitamin B12 kann dann in einer Mangelsituation durch eine Spritze, als Tablette oder angereichert über die Zahnpasta supplementiert werden. Auch ein Mangel an Vitamin D könnte bei der Entstehung bestimmter Hirnleiden eine Rolle spielen. Vitamin A, Provitamin A (Beta-Carotin) sowie die Vitamine C und E sind hingegen sogenannte Radikalfänger: Sie wirken antioxidativ und vereiteln die Entstehung von übermäßig vielen freien Radikalen im Gehirn, die bei der Zellatmung entstehen und das Altern beschleunigen.

Als Faustregel gilt: Essen Sie möglichst viel frisches buntes Gemüse (am besten täglich drei Portionen) und zwei Portionen Obst am Tag. Vitamin B12 findet sich in nennenswerten Mengen vor allem in tierischen Lebensmitteln.

SCHUTZ FÜR ZELLKRAFTWERKE

Jeder kennt sie aus dem Biologie-Unterricht: Mitochondrien sind die Kraftwerke der Zellen. Hier werden Glukose und Sauerstoff in Energie (Wärme oder Kraft) umgewandelt. Als Vermittler dient eine Substanz namens ATP (Adenosintriphosphat), die Muskeln bewegen kann. Auch im Gehirn treibt dieser Stoff energieintensive Vorgänge wie Erinnern oder Lernen an. In den Zellkraftwerken sammeln sich im Laufe der Jahre freie Sauerstoffradikale, die zunächst die Erbsubstanz der Mitochondrien angreifen und so die Energiebereitstellung lahmlegen. Später sind auch andere Zellstrukturen das Angriffsziel – schließlich stirbt Gewebe ab. Dagegen hat der Körper einiges in petto: Eine Art Müllabfuhr (Autophagie) sorgt dafür, dass mutierte Substanzen entsorgt werden, bevor sie Schaden anrichten. Im Alter funktionieren diese Schutzmechanismen jedoch nicht mehr so gut. Auch chronische Entzündungen, Rauchen, Antibiotika, Schlaf- und Bewegungsmangel, Stress und Fast Food beschleunigen die zerstörerischen Prozesse in den Atmungsorganen der Zelle. Mögliche Folgen: Krankheiten wie Diabetes Typ 2, Herz-Kreislauf-Beschwerden oder Krebs, aber auch Alzheimer und Parkinson.

Als Faustregel gilt: Stärken Sie Ihre Mitochondrien mit Quercetin (Äpfel), Vitamin C (Obst und Gemüse), Magnesium (Vollkorn und Nüsse), L-Carnitin (Steinpilze), Alpha-Liponsäure (Tomaten) und Apigenin (Sellerie).

SUPERSTAR SPERMIDIN

Spermidin ist eine Substanz, die in den Zellen verschiedener menschlicher Gewebe vorkommt. Vor allem Spermien enthalten viel von dieser Substanz, die das Leben verlängern und das Gedächtnis schützen könnte. Spermidin aktiviert das Recyclingprogramm (Autophagie) in den Zellen. Da die Spermidinmenge mit dem Alter abnimmt, wird dieser Prozess beeinträchtigt. Wir können die Methusalem-Substanz aber mit der Nahrung aufnehmen: Vor allem Weizenkeime, reifer Käse, Pilze und Soja sind spermidinreich.

MIKRONÄHRSTOFFE: DIE STEINE DER WEISEN

Schließlich spielen im Gehirnstoffwechsel verschiedene Mineralstoffe und Spurenelemente eine wichtige Rolle. So sind etwa Kalzium, Magnesium, Eisen und Selen von Bedeutung: Kalzium vermittelt Informationen an den Synapsen und steigert so die Lernfähigkeit. Eisen ermöglicht den Sauerstofftransport zum Gehirn und ist auch an der Bildung von Neurotransmittern beteiligt. Es erhöht die Energielevel. Magnesium wird besonders in stressigen Zeiten verbraucht. Fehlt es an Magnesium, ist man schneller überfordert und erschöpft. Selen wird für die Serotoninbildung benötigt und hat zudem eine antioxidative Wirkung.

Neurotransmitter: Wie sie wirken und wie man sie füttert

Der richtige Neurotransmitter-Cocktail bestimmt, ob wir gut gelaunt und tatkräftig sind. Einige Bausubstanzen für Botenstoffe im Gehirn kann man sogar essen oder ihre Ausschüttung durch Nährstoffe triggern. Andere sind zumindest beeinflussbar – etwa durch Sport, Meditation oder Berührung.

Acetylcholin

Acetylcholin ist der Allrounder unter den Botenstoffen. Er spielt bei Lernfähigkeit, Gedächtnis, Wachheit und Wahrnehmung von Reizen eine Rolle. Zu seinen zentralen Funktionen zählt auch die Steuerung wichtiger Körperfunktionen wie Atmung und Herzschlag.

► Cholin (ein Bauteil von Lecithin) steckt in Eigelb, Soja, Nüssen und Samen, Käse und Haferflocken.

Dopamin

Dopamin fokussiert und motiviert uns, es ist der Hauptakteur im Belohnungszentrum des Gehirns (Nucleus accumbens). Rausch und Glück, aber auch Sucht entstehen hier. Zudem ist unser Erinnerungsvermögen abhängig von Dopamin. Ein Mangel führt darum nicht nur zu Antriebslosigkeit, sondern auch zu Gedächtnisschwäche. Da es eine Art „Dr. Jekyll und Mr. Hyde" ist, sollte man Dopamin nicht zu stark triggern, denn mit wiederholten extremen Reizen wird einer Sucht der Weg geebnet.

► Jegliche Art von Speisen führt zu einer Ausschüttung von Dopamin, besonders aber Fett- und Zuckerreiches, weshalb man bei Chips oder Schokolade oft nicht aufhören kann. Auch Geldgewinne, Extremsport oder die ständige Nutzung digitaler Medien wirken auf unser Belohnungszentrum und können süchtig machen. Meditation führt zwar auch zu einer Dopamin-Ausschüttung, allerdings bleiben die Pegel danach stabil: der perfekte Glücklichmacher.

Noradrenalin

Der Botenstoff ist vom Charakter ähnlich wie Dopamin: ein Macher-Hormon. Er schärft unsere Sinne, erleichtert Lernen und reguliert den Appetit. Ein Mangel an Noradrenalin macht depressiv.

► Als Bauteile benötigt der Botenstoff die essenziellen Aminosäuren Phenylalanin, Tyrosin, Lysin und Methionin, die in eiweißreichen Lebensmitteln stecken. Auch die Vitamine C und B sowie Magnesium sind für die Bildung notwendig.

Serotonin

Das Glückshormon heißt so, weil es eine Art körpereigenes Antidepressivum ist. Es sorgt für Ausgeglichenheit, dämpft Hunger und Appetit und beeinflusst unseren Schlaf-Wach-Rhythmus. Aus Serotonin stellt der Körper das Schlafhormon Melatonin her (siehe Seite 47). Serotonin kommt zwar auch in einigen Lebensmitteln vor (etwa in Bananen oder Nüssen), das Molekül ist jedoch zu groß, um die Blut-Hirn-Schranke zu passieren. Es bringt also wenig, in großen Mengen Serotoninreiches zu essen. Das Gehirn kann das Glückshormon aber aus der Aminosäure Tryptophan (in Sojabohnen, Cashewkernen und Kakao) selbst bilden. Tritt Tryptophan aus dem Darm ins Blut über, wird es zuerst an das Eiweiß Albumin gebunden, um im Blutsystem transportiert werden zu können. Vor dem Eintritt in das zerebrale Blutsystem muss das Albumin wieder abgespalten werden – das geschieht etwa durch freie Fettsäuren, die vermehrt durch Sport entstehen. Freies Tryptophan gelangt wiederum mit Kohlenhydraten ins Gehirn. Zucker erhöht darum zwar kurzfristig Glücksgefühle, schädigt aber auf Dauer.

► Für die Bildung von Serotonin im Gehirn braucht es zudem Folsäure, die Vitamine B6 und B12, Selen sowie Omega-3-Fettsäuren. Die finden sich in Eiern, Leinöl, Roter Bete, Käse, Weizen, Hülsenfrüchten, Tomaten und Spinat. Aber auch Licht aktiviert Serotonin.

Endorphine

Diese Neuropeptide vermitteln ebenfalls Glücksgefühle und verlangsamen womöglich den Verfall von Gehirnzellen. Gleichzeitig schüttet der Körper sie bei körperlicher Belastung und als Antidot gegen Schmerz aus. Ihre Baustoffe sind diverse Aminosäuren.

► Sonnenschein erhöht die Endorphin-Pegel im Gehirn. Genauso wirkt scharfes Essen (beispielsweise über Capsaicin aus Chili), denn Scharfreize verarbeitet der Körper wie Schmerzreize.

Oxytocin

Oxytocin wird als Kuschelhormon bezeichnet, da es vor allem bei Müttern nach der Geburt gebildet wird und die Bindung zum Kind stärkt. Es lässt sich nicht über die Ernährung zuführen, wird aber bei jedem Hautkontakt zwischen Menschen ausgeschüttet. Möglicherweise können auch Meditation und positive Gedanken die Oxytocin-Ausschüttung ankurbeln.

GABA

GABA (Gamma-Aminobuttersäure) ist ein Botenstoff, der im Gehirn ankommende Reize verlangsamt oder gar nicht weitertransportiert. Das entspannt und beruhigt, einer Reizüberflutung wird vorgebeugt. Schlafstörungen sind manchmal in einem GABA-Mangel begründet. Auch bei der Appetitregulierung spielt GABA mit.

► GABA ist eine nicht essenzielle Aminosäure, die nicht zur Bildung von Eiweiß genutzt wird. Sie steckt zwar in einigen Lebensmitteln, kann aber wie Serotonin die Blut-Hirn-Schranke nicht passieren. Darmmikroben liefern jedoch Bauteile für das natürliche Beruhigungsmittel oder entsprechende Substanzen, die dessen Bildung im Gehirn fördern. Darmbakterien bauen Ballaststoffe unter Bildung von kurzkettigen Fettsäuren (z. B. Acetat und Butyrat) ab. Diese gelangen ins Gehirn, werden dort zu GABA zusammengebaut und erhöhen so die GABA-Pegel und -Wirkung.

Neurotransmitter wirken an den Synapsen

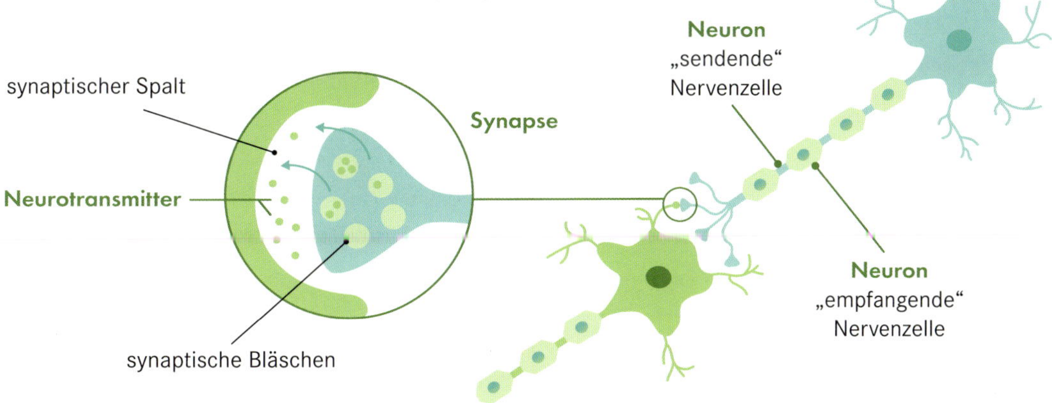

So beeinflusst der Bauch das Gehirn

Was haben Darm und Gehirn miteinander zu tun? Eine ganze Menge, denn sie kommunizieren miteinander und beeinflussen sich gegenseitig. So spielt das Mikrobiom bei psychischen Krankheiten eine wichtige Rolle. Umgekehrt können Darmbeschwerden Stress und mentale Probleme auslösen.

Wir treffen Entscheidungen sprichwörtlich aus dem Bauch heraus. Wenn etwas Schlimmes passiert, dreht sich uns der Magen um. Ein voller Bauch studiert nicht gern. Und sobald man Schmetterlinge im Bauch hat, ist das ganz schön aufregend. Viele traditionelle Redensarten zeigen, was derzeit intensiv erforscht wird: Kopf und Bauch haben viel miteinander zu tun. Der Darm ist nicht nur für die Verdauung da. Über das Blut- und Lymphsystem sowie das vegetative Nervensystem unterhält er Verbindungen zu anderen Organen – auch zum Gehirn. Unsere Körpermitte ist somit ein Spiegel der Gefühle und bestimmt mit darüber, wie es uns seelisch geht. Mikroorganismen aus dem Darm beeinflussen unser Gehirn und damit unser Verhalten. Dabei ist noch nicht genau geklärt, was Ursache und was Wirkung ist. Krankheiten beider Systeme können sich gegenseitig beeinflussen und einander bedingen. Wie das genau funktioniert, ist aktuell Gegenstand zahlreicher Forschungen – mit dem Ziel, neue Therapien zu entwickeln, die Darm- und Nervenkrankheiten vorbeugen, bekämpfen und vielleicht verhindern können.

Psychische Krankheiten und Verdauungsprobleme

Bisher ist zum Beispiel bekannt, dass Krankheiten des Gehirns oft parallel zu Nahrungsmittelunverträglichkeiten und anderen Verdauungsproblemen auftreten. Umgekehrt leiden Reizdarmpatienten häufig unter psychischen Auffälligkeiten. Seit etwa 15 Jahren wird das Mikrobiom immer genauer entschlüsselt, sodass man mittlerweile weiß, dass Darm und Gehirn über Nerven oder Botenstoffe sozusagen eine dauerhafte Fernbeziehung führen. Das Mikrobiom spielt nach neuesten Vermutungen bei der Entstehung von Depressionen, Angststörungen, Schizophrenie, Parkinson, Alzheimer und Autismus eine Rolle.

Verschiedene Kommunikationspfade

Der komplette Verdauungsapparat ist von einem Nervengeflecht umhüllt. Dieses sogenannte enterische Nervensystem (ENS), ein Teil des vegetativen Nervensystems, besitzt ähnliche Neuronen wie das Rückenmark. Zudem verfügt es über sämtliche im Gehirn kursierende Botenstoffe und wird daher auch als „Bauchhirn“ bezeichnet. Diese Nerven steuern die Darmbewegungen, die Ausschüttung von Verdauungssäften sowie einige Immunfunktionen im Darm. Das machen sie völlig unabhängig von Gehirnsignalen. Das Bauchhirn steht jedoch trotzdem in regem Kontakt mit dem zentralen Nervensystem (ZNS).

Die Mikroben kontrollieren diese Darm-Hirn-Achse. So bauen Bakterien unverdauliche Nahrungsbestandteile und körpereigene Stoffe wie Gallensäuren hauptsächlich im Dickdarm ab. Dabei entstehen unter anderem Amine, Phenole, Tryptophan oder auch kurzkettige Fettsäuren. Diese Abbauprodukte wirken auf die im Darm sitzenden Immunzellen, die wiederum über den Vagusnerv Signale ans Gehirn senden und etwa die Stressverarbeitung oder das Schmerzempfinden beeinflussen. Sie können jedoch auch über den Blutkreislauf ins Gehirn gelangen. Kurzkettige Fettsäuren sind zum Beispiel wichtig, um das Immunsystem des Gehirns, die Mikrogliazellen, funktionstüchtig zu halten. Sie dämmen Entzündungen ein und reparieren Schäden – etwa nach einem Schlaganfall. Umgekehrt kann das Oberstübchen über den Vagusnerv die Zusammensetzung der Mikrobengemeinschaft verändern und bestimmen, welche Gene aktiviert sind.

Veranlagung und die ersten 1000 Tage

Diese Pfade können im Krankheitsfall gestört sein, etwa wenn die Darmbarriere durchlässig wird. Dann gelangen Bakterienbestandteile und entzündliche Botenstoffe ins Blut und versetzen das Immunsystem dauerhaft in Alarmzustand. Dies hat auch negative Folgen für die Gehirnchemie. Zudem ist ein wenig artenreiches Mikrobiom ein Risikofaktor für neurodegenerative Erkrankungen. Dennoch braucht es immer auch eine genetische Veranlagung für Alzheimer, Parkinson und Co. Ungünstige Lebensumstände wie Stress, Luftverschmutzung oder eine ungesunde Ernährung können dann das Mikrobiom stören und dazu führen, dass Menschen krank werden. Vor allem Widrigkeiten am Anfang des Lebens prägen das Mikrobiom nachhaltig: Eine Kaiserschnitt-Geburt, der Verzicht aufs Stillen, häufige Infektionen und Antibiotikagaben sind schädlich für eine gesunde Darmentwicklung.

Darmgesunde Ernährung

Um dem Darm und damit auch dem Gehirn etwas Gutes zu tun, sollten Sie fermentierte Lebensmittel wie nicht erhitztes Sauerkraut, Joghurt oder Käse essen. So wird das Mikrobiom mit einer guten Portion Milchsäurebakterien versorgt. Denn diese und andere Darmbakterien bilden antientzündliche Substanzen wie kurzkettige Fettsäuren und schützen so die Darmwand. Die gleichen kurzkettigen Fettsäuren bildet unser Mikrobiom aus der sogenannten resistenten Stärke. Sie entsteht in kohlenhydratreichen Lebensmitteln wie Kartoffeln, Reis oder Nudeln, wenn sie nach dem Garen mindestens zwölf Stunden abkühlen. Probiotische Nahrungsergänzungsmittel brauchen Sie dafür nicht. Ballaststoffe aus Artischocken oder Topinambur liefern als Präbiotika das Futter für die guten Mikroben. Ebenso wichtig ist es, mit der Ernährung antientzündliche Stoffe wie Antioxidanzien, sekundäre Pflanzenstoffe oder Omega-3-Fettsäuren aufzunehmen.

DER DARM IST MITTEILSAMER ALS DAS GEHIRN

Kopf und Bauch kommunizieren über die Darm-Hirn-Achse miteinander. Der Informationsaustausch ist dabei aber nicht gleich verteilt. Der Darm gibt mehr Infos ans Gehirn weiter als umgekehrt. Er liefert 90 Prozent der „Gesprächsinhalte“ und ist damit sehr viel mitteilsamer als das Gehirn, das nur zehn Prozent einbringt. Die Darm-Hirn-Achse sendet also mehr Inhalte von unten nach oben als umgekehrt. Kein Wunder, dass das Mikrobiom großen Einfluss auf unser körperliches und seelisches Wohlbefinden hat.

Die Darm-Hirn-Achse

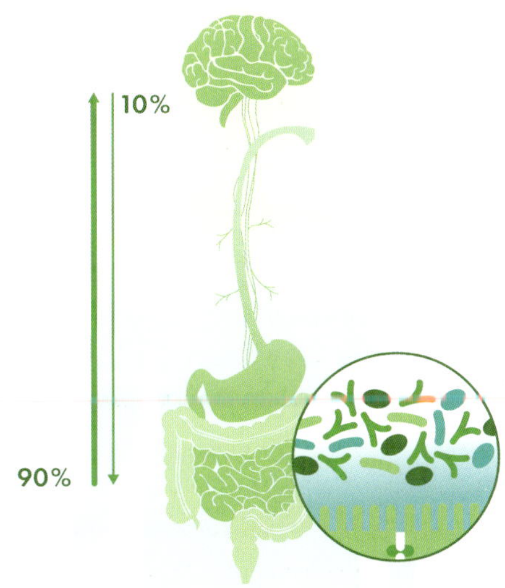

Typische Beschwerden und Krankheiten

Es gibt zahlreiche Beschwerdebilder rund um unser Gehirn, denen man vorbeugen beziehungsweise deren Symptome man lindern kann. Vor allem eine darmgesunde und antientzündliche Ernährung hat sich im Kampf gegen Alzheimer, Depressionen, Parkinson oder Migräne bewährt.

Schwerwiegende Krankheiten des Gehirns sind gefürchtet. Leider nehmen die Hirnleiden prozentual zu, vor allem weil Menschen in westlichen Gesellschaften immer älter werden. Dabei sind die Ursachen oftmals nicht im Detail geklärt. Dennoch gibt es einige Ansätze, wie man mit einer gesunden Ernährung den Geist bis ins hohe Alter stärken und Alzheimer, Depressionen und Co. vorbeugen kann.

ALZHEIMER

Die Alzheimer-Demenz (Morbus Alzheimer) zählt zu den Demenzen, die fast nur bei Senioren auftreten. Gedächtnis und Denkvermögen leiden, zudem gehen den Betroffenen teilweise die emotionalen und sozialen Fähigkeiten verloren. Sie werden depressiv, gehen nicht mehr gerne unter Leute, reagieren zunehmend aggressiv oder orientierungslos. In späten Stadien kann es zu starken Persönlichkeitsveränderungen kommen. Grund für die Symptome ist der Verlust von Synapsen und Neuronen in bestimmten Hirnregionen. Wie die Krankheit entsteht, ist bislang nicht vollends geklärt. Die Ansammlung von besonderen Eiweißstrukturen zwischen den Nervenzellen, den Amyloid-Plaques und Tau-Proteinen, spielt eine wichtige Rolle. Es fehlt zudem an Acetylcholin (siehe Seite 20). In der Darmflora findet man ebenfalls eine für Alzheimer typische Signatur, die dem Ausbruch unter Umständen vorangeht. Auch ein Ungleichgewicht des Mikrobioms im Darm sowie eine Insulinresistenz werden als Mitverursacher diskutiert. Die Insulinresistenz ist eine pathologische Vorform des Diabetes Typ 2, im Gehirn stört sie verschiedene Abläufe. Daher spricht man bei Alzheimer auch von „Diabetes Typ 3". Zudem erhöht Bluthochdruck das Alzheimer-Risiko, weil Durchblutungsstörungen zu einer schlechteren Sauerstoffversorgung des Gehirns führen. An der Alzheimer-Entstehung sind Entzündungsprozesse sowie oxidativer Stress in den Mitochondrien beteiligt. Diese Form der Demenz ist nicht heilbar, es gibt jedoch Medikamente, die zumindest die Symptome lindern. Bei Demenzen allgemein scheint der Lebensstil einen großen Einfluss zu haben. Rund 40 Prozent der Krankheitsfälle lassen sich laut Fachmedizinern durch einen veränderten Lebensstil verhindern oder hinauszögern.

Ernährung gegen das Vergessen:

+ Eine mediterrane Kost kann vor Alzheimer schützen, das belegen Studien. So schnitten ältere Fans der Mittelmeerkost bei Gedächtnistests besser ab und hatten weniger Amyloid-Plaques im Gehirn. Eine gesunde Ernährung mit reichlich Ballaststoffen und wenigen Fertigprodukten gilt als Schutz. Auch in einer beginnenden Krankheitsphase, bei ersten Anzeichen von Vergesslichkeit (im Fachjargon „mild cognitive impairment"), könnte eine Ernährungsumstellung noch hilfreich sein.

+ Kaffeetrinken für einen hellen Geist: Mit zwei bis drei Tassen Kaffee pro Tag werden Gehirnzellen weniger anfällig für Eiweißablagerungen. Kaffee verbessert die Durchblutung und die Insulinempfindlichkeit der Zellen.

+ Insgesamt sind antientzündliche Substanzen wie Ingwer und Kurkuma oder die mehrfach ungesättigte Fettsäure DHA ratsam.

+ Radikalfänger wie die Vitamine A, C und E sowie zahlreiche sekundäre Pflanzenstoffe bieten den Mitochondrien Hilfe gegen den Verfall. Besonders gut erforscht: Heidelbeeren und Bitterschokolade (siehe Seite 26).

+ Vitaminpräparate sind teilweise wirksam: In Studien konnte Vitamin E in Tablettenform nichts gegen Alzheimer-Demenz ausrichten. Studien mit Spermidin als Nahrungsergänzungsmittel gegen leichte Gedächtnisstörungen waren zwar vielversprechend, es fehlen aalerdings noch endgültige Beweise. Daher empfiehlt es sich, beide Substanzen lieber in Form von Lebensmitteln aufzunehmen (siehe Seite 19). Anders sieht die Forschungslage für Omega-3-Fettsäuren aus: So funktioniert das Gedächtnis älterer Menschen, die Fischölpräparate einnehmen und dadurch einen hohen Omega-3-Pegel im Körper haben, reibungsloser als bei Menschen, die diese Präparate nicht nehmen. Eine Erklärung dafür könnte sein, dass Omega-3-Fettsäuren entzündungshemmend wirken.

+ Gehirnrelevante Nährstoffe wie Jod (etwa aus Seefisch, Algen oder Jodsalz) und B-Vitamine (vor allem aus tierischen Lebensmitteln) zählen zu einer wirksamen Präventionsstrategie.

+ Besonders bei überschüssigem Bauchfett empfiehlt es sich abzunehmen. Erste Studien bescheinigen dem Intervallfasten eine positive Wirkung gegen Alzheimer, da auch kurze Fastenperioden die Autophagie (also den Selbstreinigungsprozess) in den Nervenzellen anschieben (siehe Seite 19).

+ Wichtig zudem: nicht rauchen, wenig Alkohol, ausreichend Schlaf, Bewegung, Bildung sowie ein aktives Sozialleben.

DEPRESSIONEN

Die Ursachen für eine stark gedrückte Stimmung mit Antriebsverlust und im schlimmsten Fall sogar Suizid sind bislang nicht geklärt. Depressionen entstehen vermutlich aus einem Zusammenspiel mehrerer Faktoren wie einer genetischen Veranlagung, Traumata, Serotoninmangel und Entzündungsreaktionen im Gehirn. Häufig treten Depressionen mit anderen metabolischen Krankheiten wie starkem Übergewicht (vor allem Bauchfett), Fettleber oder Diabetes Typ 2 auf. Gemeinsamer Nenner sind hier entzündliche Prozesse, die den Stoffwechsel entgleisen lassen. Aber auch soziale Aspekte spielen eine wichtige Rolle. Wer eine Depression hat, bewegt sich vielleicht weniger oder achtet nicht ausreichend auf eine gesunde Ernährung. Umgekehrt können über Jahre erfolglose Abnehmversuche oder die Stigmatisierung von Übergewichtigen zu psychischen Störungen führen. Bei Diabetikern können sich Ängste und Depressionen wegen möglicher Folgeerkrankungen entwickeln.
Erste Studien weisen außerdem darauf hin, dass ein Folsäuremangel das Suizidrisiko erhöht und Folsäuretabletten dieses senken können. Ob es hier eine Ursache-Wirkung-Beziehung gibt, müssen weitere Untersuchungen klären. Gegen Depressionen helfen eine Psychotherapie und / oder Antidepressiva. Die meisten dieser Arzneien heben die Serotoninspiegel im Gehirn an. Die Bildung von Serotonin im Gehirn sowie entzündungshemmende Prozesse können aber auch durch die Ernährung beeinflusst werden. Leider machen Antidepressiva oft dick – darum sind gesunde Ernährung und Sport bei Depressionen so wichtig.

Ernährung gegen Depressionen:

+ Omega-3-Fettsäuren, wie sie vor allem in Nüssen und fetten Seefischen stecken, schützen die Neuronen vor Entzündungen. Auch andere antientzündliche Lebensmittel sollten regelmäßig auf dem Speiseplan stehen.
+ Das B-Vitamin Folsäure (z. B. aus Spinat) sowie Vitamin B12 (vor allem enthalten in Eigelb, Käse und fettem Seefisch) beugen depressiven Stimmungen vor. Die Vitamine A und C (etwa aus frischem Obst und Gemüse) sind wichtig für die Neurotransmitterproduktion.
+ Auf eine ausreichende Zufuhr von Eisen, Magnesium, Zink und Selen achten. Das gelingt beispielsweise mit Haferflocken, Nüssen, Kernen und Leber.
+ Gewürze wie Pfeffer, Chili und Kurkuma haben eine stimmungsaufhellende Wirkung. In Safran steckt der Stoff Crocin, der Entzündungen im Gehirn verhindert.
+ Die Mittelmeerküche wirkt sowohl vorbeugend als auch heilend: Unter anderen belegte die groß angelegte australische SMILES-Studie, dass die mediterrane Kost (siehe Seiten 10 und 36) eine bereits bestehende Depression bei einem Drittel der Patienten – parallel zur medikamentösen Behandlung – lindern konnte.
+ Bitterschokolade (mit mind. 70 % Kakaoanteil) hebt die Stimmung. Verantwortlich dafür sind die Kakaoinhaltsstoffe Theobromin, Phenylalanin und Tryptophan, aus dem Serotonin gebildet wird.
+ Probiotika und Präbiotika: Bakterien aus milchsauer vergorenen Lebensmitteln bilden die kurzkettige entzündungshemmende Fettsäure Butyrat, die über das Darmmikrobiom gegen Depressionen hilft. Präbiotika stecken beispielsweise in Zwiebeln, Chicorée oder Artischocken.
+ Wer Übergewicht hat, sollte abnehmen, weil das Fettgewebe vor allem im Bauchraum entzündungsfördernde Botenstoffe aussendet.

- Kohlenhydratreiche Speisen wie Spaghetti oder ein Stück Kuchen vertreiben zwar kurzfristig die dunklen Gedanken. Langfristig ist jedoch vor allem eine proteinreiche Ernährungsweise (siehe Seite 37) hilfreich gegen Depressionen.
- Studien weisen darauf hin, dass Kaffee Depressionen vorbeugt. Laut einer chinesischen Metaanalyse sinkt das Risiko pro Tasse Kaffee am Tag um acht Prozent. Als ideal gilt ein Kosum von täglich zwei bis vier Tassen.
- Drei regelmäßige Hauptmahlzeiten strukturieren den Tag und geben bei bereits bestehender Depression Halt. Achtsames Essen ist daher wichtig.

WENN HUNGER WÜTEND MACHT

Die einen bleiben ruhig, andere gehen gleich an die Decke: Bei Hunger reagieren Menschen unterschiedlich. Wenn Ihnen ein leerer Bauch schlechte Laune macht, sind Sie nicht allein. Mehr als die Hälfte aller Wutanfälle tritt einer aktuelle Studie zufolge bei Hunger auf. Dafür gibt es ein neues Wort, das sich aus dem Englischen „hungry“ für hungrig und „angry“ für wütend zusammensetzt: hangry. Allerdings ist es nicht der Hunger allein, der uns ausrasten lässt. Es müssen noch negative Erlebnisse dazukommen. Dahinter stecken möglicherweise Hormone, Gene oder auch der Blutzuckerspiegel, der bei manchen schneller Achterbahn fährt. Eventuell fühlt man sich hungrig schlecht, ohne genau zu wissen, dass der Bauch nach Essen verlangt. Wer häufig hangry ist, sollte immer einen gesunden Snack dabeihaben oder sich schnell ablenken und an etwas Schönes denken.

MIGRÄNE

Als Migräne bezeichnet man starke Kopfschmerzen, die immer wiederkehren und oft einseitig auftreten. Zehn bis 15 Prozent der Erwachsenen kennen hierzulande Migräneanfälle: Frauen sind häufiger betroffen als Männer. Die Kopfschmerzphase kann bis zu vier Tage anhalten. Migräne geht oft mit depressiven Symptomen und Angststörungen einher. Das neurologische Leiden ist im Akutfall mit Schmerzmitteln meist gut behandelbar. Die Ursachen für Migräne sind zwar nicht gänzlich geklärt, es gilt aber als sicher, dass eine genetische Veranlagung vorliegen muss. Darüber hinaus spielen bei der Entstehung der starken Kopfschmerzen aber auch entzündliche Prozesse im Gehirn und oxidativer Stress eine Rolle. Denn dieser Stress in den Mitochondrien führt dazu, dass Treibstoffe wie etwa Glukose nicht mehr reibungslos in Energie umgewandelt werden können. Die Folge: Es entsteht ein Energiemangel, der das Gehirn anfällig für Migräneattacken macht. Was die Kopfschmerzen im Einzelfall konkret auslöst, ist von Mensch zu Mensch verschieden. Ein Migränetagebuch hilft dabei, die Übeltäter zu entlarven - das können Stress, Schlafmangel, hormonelle Schwankungen (im weiblichen Zyklus) oder einzelne Lebensmittel sein. Nicht allem kann man vorbeugen, bei der Ernährung lassen sich aber einige Stellschrauben drehen.

Ernährung gegen Migräne:

+ Antientzündlich essen und trinken, um Entzündungen und oxidativem Stress vorzubeugen (siehe Tabelle Seite 172)

+ Bei den Mahlzeiten auf Ruhe achten und regelmäßig essen. Fasten - auch Intervallfasten - kann Attacken auslösen.

+ Mikronährstoffe schützen: Ausreichend Zink, Magnesium, Kalzium und Folsäure sowie die Vitamine B1, B6, B12 und D können das Migränerisiko minimieren. Vitamintabletten sollte man aber nur bei einem diagnostizierten Mangel einnehmen.

+ Fertigprodukte meiden: Konservierungsstoffe, Pökelsalz, Tartrazin, Benzoesäure und Geschmacksverstärker (Glutamat) können Migräne auslösen.

+ Histamine im Essen könnten auch für Kopfschmerzen verantwortlich sein. Sie sind vor allem in Zitrusfrüchten, Tomaten, Schokolade, Rotwein, vielen Konserven, Käse- und Wurstsorten enthalten.

+ Vorsicht mit Alkohol: Bei einigen Betroffenen reichen schon kleine Mengen Alkohol als Auslöser.

+ Bei manchen Menschen kann auch ein Zuviel des Wachmachers Koffein der Auslöser für Migräneattacken sein. Es sollten in diesem Fall nicht mehr als drei koffeinhaltige Getränke pro Tag sein.

PARKINSON

Bei der Parkinson-Krankheit werden Nervenzellen im Gehirn geschädigt, die den Botenstoff Dopamin produzieren. Zu den Symptomen gehören Zittern, Bewegungsarmut oder Muskelstarre. Bislang fehlen Therapien, die an der Entstehung der Krankheit ansetzen, derzeit können nur die Symptome behandelt werden. Prävention ist aber trotzdem sinnvoll. Denn Parkinson ist die neurologische Krankheit, die am stärksten von der Darm-Hirn-Achse geprägt ist. Man weiß beispielsweise, dass Parkinson-Patienten eine weniger artenreiche Zusammensetzung der Darmflora aufweisen als Gesunde. Zudem ist ihre Darmschleimhaut durchlässiger. So gelangen auch größere Bakterienbestandteile aus dem Darm in den Blutkreislauf, die diese Schleimhautschicht normalerweise nicht passieren können. Sie alarmieren das Immunsystem und beeinflussen über sogenannte Zytokine das Gehirn, wo über eine Kaskade ein Dopamin-Mangel entsteht. Man vermutet deshalb, dass eine darmgesunde Ernährung auch bei der Behandlung von Parkinson zur Verzögerung oder Abmilderung der Symptome beitragen könnte. Endgültige Beweise gibt es dafür jedoch noch nicht.

Ernährung gegen Parkinson:

+ Vitaminversorgung: Man sollte auf ausreichend Vitamin B12 (z. B. aus tierischen Produkten wie Leber, Fisch oder Käse) und Vitamin D achten.

+ Kaffee könnte schützen, weil er vermutlich die Durchblutung und die Insulinresistenz verbessert.

+ Eine darmfreundliche Kost könnte Symptome verbessern. Das heißt, auf Probiotika achten und das Mikrobiom mit Präbiotika füttern (siehe Seite 23).

+ Da Parkinson-Betroffene ein größeres Alzheimer-Risiko haben, gelten für sie auch die bei Alzheimer genannten Empfehlungen für eine hirngesunde

Ernährung (siehe Seite 24 f.). Vor allem der Konsum von Paprika, Tomaten und Kartoffeln senkt das Parkinson-Risiko. Warum diese Gemüsesorten, die zu den Nachtschattengewächsen zählen, gegen die Erkrankung helfen, ist bislang noch nicht hinreichend geklärt. Ein Grund könnte das in kleinen Mengen enthaltene Nikotin sein, das sich schützend auf Gehirnzellen auswirkt, die für die Produktion von Dopamin verantwortlich sind. Zudem liefern diese Nachtschattengewächse das entzündungshemmende Alkaloid Anatabin und könnten so dem Dopamin-Mangel entgegenwirken.

VOLLE KONZENTRATION, BITTE!

Es steht eine wichtige Prüfung an, ein Meeting mit dem Vorstand oder ein Bewerbungsgespräch: Kann man dann mit Messer und Gabel seine Geisteskraft schärfen? Ja, das geht! Natürlich ist es wichtig, sich thematisch gut vorzubereiten und ausreichend zu schlafen. Auch die langfristige Ernährungsweise hat einen Einfluss auf die eigene Verfassung am Tag X: Denn Fitkost führt auf Dauer zu einer besseren Durchblutung des Gehirns und zu einem leichteren Informationsfluss zwischen den Neuronen.

Ist der wichtige Tag gekommen, ist ausreichend Flüssigkeit besonders wichtig. Also am besten morgens eine Thermoskanne Kräutertee zubereiten und mitnehmen. Auch für Kaffee und schwarzen Tee gibt es ausreichende positive Belege, denn Koffein blockiert die Adenosinrezeptoren und steigert so die Aufmerksamkeit und Wachheit. Zudem ist es hilfreich, vor einer Prüfung oder einer wichtigen Besprechung nicht zu viel zu essen, weil der Körper sonst hauptsächlich mit der Verdauung beschäftigt ist. Ob man für einen erfolgreichen Arbeitstag frühstücken soll oder nicht, darüber wird seit Langem gestritten, die Studien sind widersprüchlich. Tendenziell scheint es jedoch sinnvoll zu sein, eine Prüfung nicht mit völlig leerem Magen zu absolvieren. Am besten sollte man drei Mahlzeiten mit ausreichend langen Esspausen über den Tag verteilen. Das Gehirn braucht als verlässliche Energielieferanten komplexe Kohlenhydrate, Fett und Eiweiß in einem ausgewogenen Verhältnis. Für einen anstrengenden Tag kann man sich morgens etwa mit einem Heidelbeer-Porridge wappnen. Als Snack eignen sich selbst geröstete Gewürznüsse (siehe Seite 102).

Die 12 Top-Lebensmittel fürs Köpfchen

Das Gedächtnis stärken, die Laune heben, Alterungsprozesse verlangsamen und Entzündungen im Körper eindämmen: Bringen Sie für die grauen Zellen möglichst oft natürliche Anti-Aging-Mittel in Form von Gemüse, Beeren, Nüssen, Hülsenfrüchten, Vollkorn, gesunden Fettsäuren, Eiern, Pilzen und Käse auf den Teller.

Heidelbeeren und Co.

Klein, aber oho: Himbeeren, Heidelbeeren, Johannis- und Brombeeren sind relativ zuckerarme Leckerbissen. Sie enthalten viele Ballaststoffe und reichlich sekundäre Pflanzenstoffe wie Polyphenole, die Entzündungen im Körper bekämpfen. Zudem helfen Polyphenole, eine Insulinresistenz, die auch dem Gehirn schadet, zu verringern. Wer täglich eine Handvoll Beeren isst, vergrößert die Vielfalt der günstigen Mikroorganismen im Darm. Vor allem zu Heidelbeeren gibt es viele Studien: Erste Hinweise legen nahe, dass die kleinen blauen Früchte unser Gedächtnis in Schuss halten und die Stimmung verbessern können. Auch das Risiko für Alzheimer und Parkinson sinkt mit hohem Beerenkonsum.

Haferflocken

Hafer gilt in der Pflanzenheilkunde schon lange als nervenstärkendes und belebendes Mittel. Der Volksmund kennt den Spruch: „Mich sticht der Hafer." Verantwortlich dafür sind Eiweiß und B-Vitamine sowie Eisen, Mangan, Zink und Magnesium. Eiweiß ist wichtig, weil die darin enthaltenen Aminosäuren als Bausteine für Nervenbotenstoffe gelten, die komplexe Vorgänge wie Aufmerksamkeit und Gedächtnis regulieren. Zudem stecken im Hafer Polyphenole, die Entzündungen eindämmen, und viele wertvolle Ballaststoffe.

Nüsse und Kerne

Nüsse eignen sich hervorragend als Anti-Aging-Kost. Gesundes Fett in Form von ungesättigten Fettsäuren, (pflanzliche) Proteine, Vitamine und sekundäre Pflanzenstoffe: In ihnen steckt fast alles, was ein Top-Nahrungsmittel ausmacht. Nüsse, insbesondere Walnüsse, enthalten einen hohen Anteil des Nervenbotenstoffs Cholin und viele B-Vitamine, was die Signalübertragung an den Synapsen anregt. Nüsse liefern auch Lecithin, aus dem der Körper selbst Cholin herstellen kann. Vitamin E ist ein Radikalfänger und verlangsamt Alterungsprozesse im Gehirn.

Champignons, Steinpilze und Co.

Pilze führen (noch) ein Schattendasein, wenn es um gesunde Ernährung geht. Dabei gelten sie in Asien vielfach sogar als Heilmittel. Denn sie liefern bestimmte Ballaststoffe, die in anderen Lebensmitteln kaum vorkommen und im Körper nur von wenigen Bakterienarten abgebaut werden können. Wer Pilze isst, fördert damit die Artenvielfalt im Darm. L-Carnitin in Steinpilzen oder Pfifferlingen reduziert außerdem oxidativen Stress im Gehirn und beugt so dem Altern vor. Weitere Pluspunkte: Pilze sind kalorienarm und senken den Cholesterinwert.

Fetter Fisch

Fettreicher Meeresfisch wie Lachs oder Hering liefert nicht nur hochwertiges Eiweiß, sondern auch langkettige Omega-3-Fettsäuren (DHA und EPA). Diese sind wahre Gehirn-Booster. Ist viel DHA in den Membranen der Gehirnzellen vorhanden, können auch mehr Botenstoffe andocken – das spornt die Denkfähigkeit an. DHA gilt außerdem als Seelentröster, da die Fettsäure möglicherweise vor Depressionen schützt. Mittelfette Süßwasserfischarten wie Forellen oder Saiblinge liefern diese wertvollen Fettsäuren ebenfalls. Fettreicher Seefisch ist leider oft mit Schwermetallen belastet, die dem Gehirn schaden – daher auf nachhaltigen Fischfang achten (siehe Seite 177). Alternativ eignen sich Fisch- oder Krillölkapseln.

Tomaten

Ob roh, gekocht oder zu Sauce verarbeitet – die Deutschen lieben Tomaten. Und das ist gut so. Denn die knallroten kalorienarmen Kugeln sind reich an Vitamin C, Kalium und sekundären Pflanzenstoffen. Insbesondere die Antioxidanzien Lycopin und Beta-Carotin wirken therapeutisch bei Alzheimer und Parkinson. Forschende der chinesischen Tianjin Medical University fanden heraus, dass der Genuss von Tomaten auch das Risiko für Depressionen um rund 50 Prozent verringern kann.

Grünes Gemüse

Brokkoli, Mangold und ihre Verwandten enthalten den Farbstoff Chlorophyll, der Sauerstoff besonders lange im Gehirn bindet und so dessen Leistung steigert. Zudem stecken in den Blattgemüsen Folsäure (Vitamin B9), Vitamin K sowie die sekundären Pflanzenstoffe Lutein und Beta-Carotin. Auch mit Kalzium und vergleichsweise viel Eiweiß können sie punkten. All diese wertvollen Mikronährstoffe stoppen den geistigen Abbau. Das reichlich enthaltene Kalium senkt den Blutdruck und reduziert damit das Infarktrisiko.

Hülsenfrüchte

Erbsen, Bohnen, Linsen und Co. gehören zu den Top-Ballaststoff- und Eiweißlieferanten aus der Pflanzenküche. Wenn man sie verzehrt, bleibt der Blutzucker stabil – das Gehirn kann gut arbeiten. Zudem steckt Tryptophan, die Vorstufe des Glückshormons Serotonin, in den Hülsenfrüchten. Soja liefert Cholin, das zu den wichtigen Botenstoffen im Gehirn gehört. Darüber hinaus enthalten zahlreiche Sojaprodukte (insbesondere Tofu) viele Phytoöstrogene. Diese regen das Gehirn an und beschleunigen die Kommunikation zwischen den Neuronen. Allerdings verträgt nicht jeder Hülsenfrüchte, viele Menschen reagieren empfindlich oder bekommen Blähungen. Das lässt sich aber leicht vermeiden, indem man die Proteinbomben ausreichend lange einweicht und gart.

Eier

Eier sind eines der nährstoffreichsten Lebensmittel überhaupt. In ihnen stecken nicht nur fast alle Vitamine und Mineralstoffe in kleinen Mengen. Sie liefern auch Cholin, einen Bestandteil des Neurotransmitters Acetylcholin (siehe Seite 20). Im Eigelb finden sich die Carotinoide Lutein und Zeaxanthin, die die Sehkraft stärken. Neuere Studien zeigen zudem, dass Lutein möglicherweise auch das Lernverhalten, die Konzentrationsfähigkeit und die Gedächtnisfunktion positiv beeinflusst. In Eiern steckt natürlich auch Eiweiß, darunter die Aminosäure Tryptophan, die die Produktion des Glückshormons Serotonin und das Chill-out-Hormon GABA (siehe Seite 21) ankurbelt.

Käse

Lange gereifte Käsesorten verbessern die Konzentrations- und Leistungsfähigkeit, denn sie liefern reichlich Proteine für ein fittes Oberstübchen. Der Inhaltsstoff Spermidin regt die zelluläre Selbstreinigung (Autophagie) an und schützt außerdem die Mitochondrien vor übermäßigem oxidativem Stress. Die in Käse lebenden Milchsäurebakterien nähren unser Darmmikrobiom, was Entzündungen lindern kann. So wird nicht nur die Vitalität des Gehirns, sondern auch das psychische Wohlbefinden gesteigert.

Olivenöl

Olivenöl statt Butter: Damit sparen Sie nicht nur Kalorien, sondern tun auch Ihrem Kopf etwas Gutes. Denn das Öl der mediterranen Küche schützt unser Herz und die Gefäße vor Verkalkungen – davon profitiert genauso das Denkorgan. In Studien zeigte sich, dass Menschen, die viel Olivenöl verzehren, meist von Schlaganfällen verschont blieben und diejenigen, die wenig bis gar kein Olivenöl zu sich nahmen, eher einen Hirninfarkt erlitten. Die antientzündlichen Inhaltsstoffe von Olivenöl verhindern unter anderem gesundheitsschädliche Ablagerungen (Amyloid-Plaques) im Gehirn.

Zitrusfrüchte

Sie sind regelrechte Vitaminbomben, schmecken erfrischend und locken mit leuchtenden Farben. Ob Orange, Zitrone, Grapefruit oder Mandarine – Zitrusfrüchte stärken unter anderem das Immunsystem und wirken antientzündlich. Ihre B-Vitamine unterstützen das Gehirn bei der Herstellung von Serotonin, was die Stimmung hebt, zufriedener macht und negative Gefühle dämpft. Vitamin C fördert die Aufmerksamkeit und verbessert das Gedächtnis.

Richtig trinken für die grauen Zellen

Denken, fühlen, schwärmen, kreativ sein – all das geht nur, wenn unsere grauen Zellen mit genügend Flüssigkeit versorgt sind. Idealerweise mit Wasser, ungesüßten Tees und auch Kaffee, wenn man ihn gut verträgt. Milchsauer vergorene Getränke sorgen für ein gutes Darmmilieu und machen uns fokussiert und fröhlich.

DAS MAG DAS GEHIRN

▸ Wasser marsch!

Das Gehirn ist eines der wasserreichsten Organe des Körpers, es besteht zu 80 Prozent aus Wasser. Leitungs- oder Mineralwasser ist deshalb das „Schmiermittel" Nummer eins. Je nach Körpergewicht sollten mindestens 1,5 bis 3 Liter Flüssigkeit pro Tag getrunken werden (siehe Seite 37).

▸ Muntermacher Koffein

Koffein gilt zu Recht als Muntermacher. Man weiß, dass es durch die Blockade von Antennenmolekülen für Adenosin im Gehirn die Aufmerksamkeit und Wachheit steigern kann. Koffein steckt nicht nur in Kaffee, sondern auch in schwarzem und grünem Tee sowie in Kakao. Es hängt allerdings von den genetischen Besonderheiten eines jeden Menschen ab, wie zu- oder abträglich hoher Koffeinkonsum ist. Wer nachmittags keinen Kaffee mehr trinken kann, weil er dann abends schlecht in den Schlaf findet, hat eine Besonderheit im sogenannten Kaffee-Gen. Das daraus entstehende Leberenzym baut Koffein ungleich langsamer ab. Wer keinen Kaffee verträgt, sollte ihn auch nicht trinken. Zwar treten Parkinson, Alzheimer und Depressionen seltener bei Menschen auf, die regelmäßig Kaffee trinken. Das liegt jedoch nicht nur am Koffein, sondern vermutlich auch an zahlreichen anderen Substanzen wie Kaffeesäure oder Kahweol, die entzündungshemmend und antioxidativ wirken. Rezeptideen mit Kaffee finden Sie auf den Seiten 168 und 169.

▸ Matcha: der Brain-Booster

Grüntee ist ein echter Brain-Drink, wobei Matchatee der absolute Spitzenreiter ist, weil er mehr gesunde Substanzen enthält als andere Grünteesorten. Sogenannte Catechine wirken antioxidativ, dämmen Entzündungen ein und wehren den Angriff von freien Radikalen auf Zellstrukturen im Gehirn ab. Daneben schwimmt reichlich grüner Farbstoff (Chlorophyll) in der Matcha-Tasse, was die Sauerstoffversorgung im Oberstübchen fördert. Zusätzlich liefert Matcha auch Koffein: Mit 1,5 Teelöffeln des Pulvers nimmt man eine Koffeinmenge zu sich, die vergleichbar mit einem Espresso ist. Studien weisen darauf hin, dass regelmäßiger Matcha-Konsum als Antistressmittel und als Booster für kognitive Leistungen wirken könnte.

▸ Gesunde Mikroben aus Kefir, Buttermilch und Co.

Milchsauer vergorene Getränke gibt es in zahlreichen Kulturkreisen. Ihnen werden allerhand gesunde Eigenschaften nachgesagt. Bereits 1908 bescheinigte der Nobelpreisträger Ilja Metschnikow dem Kefir eine lebensverlängernde Wirkung. Aktuelle Studien bestätigen, dass die gesunden Mikroorganismen auch dem Gehirn auf die Sprünge helfen, Gedächtnis und Konzentrationsfähigkeit verbessern. Weil sie das Darmmikrobiom stabilisieren, könnten milchsauer vergorene Getränke sogar wirksam im Kampf gegen Alzheimer und Parkinson sein. Auch Kombucha, ein asiatisches Getränk, das aus Tee, probiotischen Bakterien und Hefen hergestellt wird, könnte Gehirnfunktionen über die Darm-Hirn-Achse verbessern.

DAS SOLLTEN SIE BESSER LASSEN

► Zuckersüße Getränke, nein danke!

Ob Instant-Cappuccino, Eistee, unverdünnte Säfte, Nektare oder Softdrinks – davon sollten Sie besser die Finger lassen. Diese Getränke liefern zwar teilweise auch Vitamine, allerdings macht der zugesetzte Zucker (Saccharose) das minimale Gesundheitspotenzial zunichte. Zucker aus Getränken strömt nämlich rasch in den Verdauungstrakt und damit ins Blut – die Folge ist eine überschießende Insulinausschüttung. Auf Dauer kommen so die Regelkreise durcheinander, was zu Übergewicht und Diabetes Typ 2 führt und letztlich auch dem Gehirn schadet.

► Alkohol: wenn, dann nur in Mini-Mengen!

Alkohol hat als psychoaktive Substanz natürlich eine Wirkung auf das Gehirn. Bei einem Rausch macht sie sich durch Schwindel oder Sprachschwierigkeiten bemerkbar. Langfristig ist ein zu hoher Alkoholkonsum reines Gift für unsere grauen Zellen. Zwar liest man oft, ein Glas Rotwein sei fester Bestandteil einer mediterranen und damit auch hirngesunden Ernährung. Allerdings macht hier wie immer die Dosis das Gift. Als gesundheitlich unbedenkliche Mengen pro Tag gelten 10 Gramm Alkohol für Frauen und 20 Gramm für Männer. 10 Gramm stecken etwa in einem Viertelliter Bier, einem Achtelliter Rotwein oder in 40 Millilitern Schnaps.

Kleine Mengen Alkohol können zwar das günstige HDL-Cholesterin im Blut erhöhen, was die Gefäße gesund hält und damit der Blutversorgung im Gehirn zugute kommt. Zudem sorgt Rotwein im Darm für eine artenreiche Flora, die Entzündungen hemmt. Wer aber mehr als die empfohlene Menge trinkt, kann davon nicht profitieren. Ein Zuviel an Alkohol, egal welcher Art, zerstört zwar keine Gehirnzellen wie behauptet, dennoch verhindert es das Wachstum neuer Nervenzellen und die Reizweiterleitung. Alkoholkonsum kann außerdem zu einem Mangel an bestimmten Nährstoffen wie B-Vitaminen oder Magnesium führen, die wichtig für unsere Gehirn-Fitness sind. Nicht zuletzt senkt Alkoholmissbrauch die Gedächtnisleistung, auch psychische Krankheiten können dadurch entstehen.

ZUCKER ALS GEDÄCHTNISKILLER

Neben dem dick machenden und Diabetes anheizenden Effekt scheint ein Übermaß an Zucker auch im Gehirn Schaden anzurichten. So zeigen Studien, dass vor allem in mittlerem und höherem Alter stark gesüßte Getränke die Gedächtnisfunktionen schwächen. Woran das liegen könnte, zeigen Tierstudien. Sie liefern Hinweise dafür, dass eine zuckerreiche Kost die Synapsen im Gehirn schädigt und den Botenstoff BDNF (Brain Derived Neurotrophic Factor) herunterreguliert. Dieser Neurotransmitter lässt eigentlich Nervenzellen sprießen und sorgt dafür, dass diese fleißig arbeiten. BDNF vergrößert auch das Volumen des Hippocampus, einer Gehirnregion, die wichtig für Gedächtnis und Lernen ist.

Ernährungsempfehlungen auf einen Blick

Gemüse gerne! Fertiggerichte, nein danke! Eine gehirnfreundliche Ernährung ist alles andere als kompliziert. Hier finden Sie die wichtigsten Ernährungsregeln nach dem Motto „das beste Essen fürs Köpfchen“ noch einmal zusammengefasst.

Was bewirkt eine Ernährung, die das Oberstübchen stärkt? Wie Studien gezeigt haben, sollte sie vor allem den Abbau von Nervenzellen bremsen. Dabei haben bereits kleine Schritte eine große Wirkung. Beginnt man zum Beispiel bei den ersten Anzeichen einer Demenz, die eigene Ernährung umzustellen, lässt sich ein schweres Stadium der Erkrankung um bis zu sieben Jahre hinauszögern. Eine grobe Richtschnur bietet die mediterrane Kost, die neben Olivenöl auch auf reichlich Gemüse und Hülsenfrüchte setzt und damit von Haus aus antientzündlich wirkt. Wichtig dabei: Übergewicht sollte der Hirngesundheit zuliebe abgebaut werden. Und Fertigkost mit Zusatzstoffen, Zucker und schlechten Fetten lässt das Denkorgan genauso verkümmern wie zu viele Fleisch- und Wurstwaren.

DAS TUT DEN GRAUEN ZELLEN GUT

Gemüse

Vor allem Blattgemüse gehört auf den Speiseplan: Täglich eine Portion Gemüse soll unser Gehirn jung halten. Denn die enthaltenen sekundären Pflanzenstoffe gehen gegen oxidativen Stress sowie Entzündungen vor. Ballaststoffe aus Artischocken und Topinambur schmeicheln dem Darmmikrobiom und halten schlank. Tomaten fördern die Serotoninproduktion.

Obst

Insbesondere Beeren sind echtes Brain Food. Mit ihren Antioxidanzien und Pflanzenfarbstoffen schützen sie zum Beispiel vor Stress. Auch mit frischen Früchten wie Orangen, Kiwis, Pflaumen oder Äpfeln lässt sich die Denkfähigkeit verbessern.

Probiotika

Fermentierte Lebensmittel wie Sauerkraut, Kefir oder Joghurt versorgen das Mikrobiom im Darm mit gesunden Milchsäurebakterien und verbessern damit über die Darm-Hirn-Achse auch die kognitiven Fähigkeiten.

Vollkorn

Ob Vollkornbrot, grobe Haferflocken oder Naturreis: Setzen Sie möglichst oft auf das volle Korn. Durch die Bildung von kurzkettigen Fettsäuren aus Ballaststoffen geht der Körper gegen Entzündungen vor. Vollwertkost hilft sogar, Depressionen zu lindern.

Gesunde Fette

Omega-3-Fettsäuren aus fettem Seefisch machen Gehirnzellen geschmeidig und leistungsfähig. Auch kalt gepresstes Raps-, Lein-, Hanf-, Walnuss- und Algenöl liefert Omega-3-Fette. Natives Olivenöl (extra vergine) mit Omega-9-Fettsäuren wirkt entzündungshemmend.

Nüsse

Vor allem Walnüsse und Mandeln gelten als erstklassiges Futter für unser Gehirn. Aber auch andere Nusssorten liefern reichlich ungesättigte Fettsäuren und B-Vitamine, die helfen, die Signalübermittlung zwischen den einzelnen Nervenzellen zu verbessern.

Eiweiß

Protein aus Eiern, Fisch und Geflügel, aber auch aus Pflanzen wie Hülsenfrüchten hält lange satt. In vielen eiweißhaltigen Lebensmitteln ist Tryptophan enthalten. Der Botenstoff regt die Serotoninproduktion im Gehirn an und hebt die Stimmung. Käse und Soja liefern zudem gehirnverjüngendes Spermidin. In Eiern steckt der Neurotransmitter Cholin.

Kräuter und Gewürze

Viele Kräuter und Gewürze haben einen positiven Einfluss auf die Gehirnzellen: Vor allem Kurkuma, Chili und Safran stecken voller sekundärer Pflanzenstoffe, die die Denkleistung und Stimmung bessern. Knoblauch wirkt positiv auf das Herz-Kreislauf-System und stärkt damit auch das Gehirn. Basilikum und Oregano enthalten Antioxidanzien, die freie Radikale abwehren. Ingwer stärkt Körper und Geist.

Wasser

Wenn wir dauerhaft zu wenig Flüssigkeit aufnehmen, altern Körper und Gehirn schneller. Optimal ist es, wenn Sie über den Tag verteilt mind. 30 ml Flüssigkeit (am besten als Wasser oder Kräutertee ohne Zucker) pro Kilogramm Körpergewicht zu sich nehmen.

DAS SOLLTEN SIE MEIDEN

Zucker

Süßes hebt zwar kurzfristig die Stimmung, auf Dauer befördert zu viel Zucker jedoch entzündliche Prozesse im Gehirn. Zucker sorgt zudem für ein ständiges Auf und Ab des Insulinspiegels, was unsere geistige Leistungsfähigkeit schwächt. Auch das Risiko für Übergewicht steigt auf Dauer.

Verarbeitetes Fleisch

Rotes verarbeitetes Fleisch sowie Wurstwaren enthalten viel Fett – ihr Konsum geht mit einem erhöhten Risiko für Alzheimer und Depressionen einher. Schweine- und Rindfleisch bieten zwar auch einiges an Nährstoffen – etwa B-Vitamine, Eisen und Zink –, trotzdem sollten sie nur in geringen Mengen und unverarbeitet den Speiseplan bereichern.

Transfettsäuren

Sie stecken in Fertiggerichten, Croissants, Keksen und Pommes und erhöhen diverse Blutfette (z. B. Triglyzeride oder Cholesterin). Das macht die Gefäße krank, was wiederum dem Gehirn schadet, weil es nicht mehr gut mit Sauerstoff versorgt wird. Triglyzeride können auch direkt im Denkorgan wirken. Sie behindern die Kommunikation der Zellen, was Gedächtnisstörungen und Depressionen verursacht.

Salz

Studien zeigen, dass Salzreiches die Gedächtnisleistung mindern, das Infarktrisiko steigern, das Mikrobiom stören und auch zu einer Demenz führen könnte.

Fertiggerichte

Künstliche Aromen, viel Zucker und Salz, Emulgatoren, Farbstoffe und Co. in stark verarbeiteten Produkten können depressiv, ängstlich und schlaflos machen.

Alkohol

Alkohol ist ein starkes Nervengift, schädigt unsere Gesundheit und kann Ängste fördern. Wein, Bier und Spirituosen daher, wenn überhaupt, nur in Ausnahmen und in geringen Mengen trinken (siehe Seite 35)!

Risikofaktor Übergewicht

Mit zu vielen Pfunden (vor allem in der Körpermitte) gehen entzündliche Prozesse im ganzen Körper einher. Auch die Fähigkeit, den Blutzuckerspiegel zu regulieren, nimmt ab (Insulinresistenz). Beides schadet unserem Gehirn.

Neues aus der Forschung

Macht Weizen wirklich dumm? Wie nützlich oder schädlich ist die ständige Nutzung des Smartphones? Was hat eine Fettleber mit Depressionen zu tun? Lesen Sie hier, was die Wissenschaft über die Wirkung von Lebensmitteln und Gewohnheiten auf das Gehirn herausgefunden hat.

WEIZEN-BASHING GRUNDLOS

Das sogenannte Weizen-Bashing nimmt kein Ende. Demnach schaden Weizenprodukte in vielfacher Hinsicht. So soll zum Beispiel Weizengluten laut einiger populärwissenschaftlicher Bücher sogar dumm machen. Ist da etwas dran? Eine Studie der Harvard Medical School in Boston mit fast 14000 Krankenschwestern, bei denen keine Zöliakie diagnostiziert worden war, kam nun zu einem anderen Schluss. Analysiert wurden unter anderem psychomotorische Geschwindigkeit, Aufmerksamkeit oder auch Gedächtnisleistung. Das Ergebnis: Die Forschenden konnten keine Unterschiede im Denkorgan zwischen den Teilnehmerinnen mit dem höchsten und dem niedrigsten Konsum an Weizen feststellen.

Googeln ist vielleicht doch nicht schlecht

Obwohl ein Leben ohne Smartphone kaum mehr vorstellbar ist, wird immer wieder die Befürchtung geäußert, dass diese Art der Mediennutzung dem Gehirn schaden könnte. Eine Theorie besagt: Durch kurze Internetrecherchen werde das Gedächtnis weniger trainiert und verkümmere. Forschende des University College in London haben dies nun widerlegt: So sei es möglich, durch Googeln Informationen auszulagern und Kapazitäten im Gehirn freizuschaufeln. Dadurch könne man besser auswendig lernen und die neuen Informationen leichter abrufen.

Eine Fettleber kann Depressionen begünstigen

Die Gehirnleistung kann durch eine nicht alkoholische Fettleber gemindert werden – das haben Forschende der Universität Lausanne und des Kings College London kürzlich aufgedeckt. Sind in der Leber zu viele Fettmoleküle gespeichert – meist ausgelöst durch übermäßigen Zuckerkonsum –, führt dies zu einer mangelnden Sauerstoffzufuhr im Gehirn. Denn durch die Fettleber werden Blutgefäße im Gehirn so verändert, dass weniger Sauerstoff transportiert wird. Auch kann es zu Entzündungen der grauen Zellen kommen. Beides führt der Studie zufolge zu Depressionen, Angsterkrankungen oder Demenz.

ALZHEIMER NICHT ANSTECKEND

Es gibt Theorien, die besagen, dass die Alzheimer-Demenz womöglich ansteckend sein und somit auch eine Gefahr für Angehörige sowie Pflegepersonal darstellen könnte. Ein internationales Forscherteam hat diese These nun endgültig widerlegt. Bei der Alzheimerkrankheit treten typischerweise sogenannte Beta-Amyloid-Ablagerungen, das sind speziell geformte Proteine, im Gehirn auf. Die Forschenden verabreichten diese Proteine gesunden Mäusen und verfolgten sie durch den Körper. Das ging, weil die Eiweiße vorher radioaktiv markiert worden waren. Das giftige Beta-Amyloid der erkrankten Tiere erreichte jedoch nicht das Gehirn der gesunden Mäuse, was laut den Studienautoren gegen eine Ansteckung spricht.

Vitamin D hilft gegen Demenz

Hinweise auf einen möglichen Zusammenhang gab es schon früher. Jetzt konnte eine Studie eines Forscherteams aus Kanada und Großbritannien belegen, dass Vitamin D das Demenzrisiko um bis zu 40 Prozent senken kann. Menschen mit einem niedrigen Vitamin-D-Spiegel sind entsprechend gefährdet. Das fettlösliche Vitamin ist für die Gesundheit von großer Bedeutung und wird hauptsächlich über die Sonne und – in kleineren Mengen – über die Nahrung aufgenommen. Bei älteren Menschen, die nicht oft nach draußen kommen und in Gegenden mit wenig Sonnenlicht leben, können daher Vitamin-D-Präparate vor allem im Winter sinnvoll sein. Diese sollte man aber nicht auf eigene Faust nehmen, sondern sich vorher von einer Ärztin oder einem Arzt beraten lassen.

Sport macht schlau

Wenn der Körper in Bewegung ist, wird das Gehirn besser durchblutet und intensiver mit Nährstoffen versorgt. Außerdem entstehen neue Verknüpfungen im Oberstübchen und die Denkzellen verjüngen sich. Lesen Sie hier, warum Sport für die geistige Fitness unentbehrlich ist.

Ohne Bewegung geht es nicht. Unser Denkorgan profitiert von jeder Sportform. Denn sobald wir in Schwung kommen, wird der Kreislauf angeregt, das Herz gestärkt, die Muskulatur trainiert und die Durchblutung verbessert. Ähnlich wie das Herz eines Sportlers funktioniert auch das Gehirn eines Menschen, der sich viel bewegt, besser als das eines Couch-Potatoe. Dafür gibt es verschiedene Gründe: Körperliche Aktivitäten setzen Wachstumsfaktoren frei, die das Nervengewebe größer werden lassen und die Entstehung neuer Verknüpfungen fördern. Der Kopf bleibt beim Sport nicht untätig, sondern ist zusätzlich gefordert, denn wir müssen Trainingseinheiten planen, uns dafür motivieren, vorgegebene Strukturen, Zeiten und Rhythmen beachten und Bewegungsabläufe steuern. Auch die Gefühle werden beeinflusst. Wenn wir so intensiv Sport treiben, dass der Körper Fett verbrennt, produziert er mehr sogenannte freie Fettsäuren, die eine ganz besondere Eigenschaft haben: Sie können ein an der Aminosäure Tryptophan anhaftendes Eiweiß (die Aminosäure Albumin; siehe Seite 20) abspalten. Dieser „Umbau“ ermöglicht es dem Tryptophan dann, die Blut-Hirn-Schranke zu überwinden und im Gehirn zu Serotonin verstoffwechselt zu werden.

Stressabbau durch Bewegung

Beim Sport kommen wir aus dem Grübeln heraus. Negative Gedankenschleifen werden unterbrochen, die kognitiven Bereiche des Gehirns können regenerieren. Nicht umsonst wird Bewegung auch zur Behandlung von Depressionen eingesetzt. Auf Belastung und Stress reagiert der Körper natürlicherweise mit Hormonausschüttungen. In kurzer Zeit gelangen die Stresshormone Adrenalin, Noradrenalin und Cortisol ins Blut, um den Organismus sekundenschnell zu Höchstleistungen zu bringen. Blutdruck und Blutzucker steigen, das Herz schlägt schneller, alle Sinne sind in Alarmbereitschaft, um schnell reagieren zu können – das ist eine ganz natürliche Reaktion.

Doch wenn es danach keine Ruhepause gibt, bleibt der Stresshormonspiegel dauerhaft hoch und schadet der Gesundheit. Mit Bewegung können wir entgegenwirken, denn beim Sport baut der Körper die schädlichen Hormone ab und steigert gleichzeitig die Produktion von Glückshormonen wie Serotonin. Trainieren wir regelmäßig, reagiert der Organismus, indem er weniger schädliche Hormone freisetzt. Wir werden insgesamt gelassener, haben weniger Ängste und sind nicht so reizbar, was wiederum das Gehirn freut.

Taktik und Reaktionsfähigkeit gefordert

Verschiedene Sportarten fördern unterschiedliche Hirnbereiche. Spazierengehen, Walken, Wandern, Joggen, Schwimmen und Radfahren sind prima für die Kondition. Wer aber speziell den Kopf trainieren will, sollte Bewegungsformen wählen, die auch die grauen Zellen auf Trab bringen. Zum Beispiel fordern Ballsportarten wie Tennis und Co. Taktik und Reaktionsfähigkeit. Das bringt zwar keine zusätzlichen IQ-Punkte, sorgt aber dafür, dass das Gehirn seine Kapazitäten nutzt, anstatt sie verkümmern zu lassen. Besondere Brain-Sportarten finden Sie auf der rechten Seite.

Sieben gute Brain-Sportarten

Jonglieren

Bei diesem Sport nimmt das Gehirnvolumen nach drei Monaten Training zu, das konnte eine Studie zeigen. Vor allem wachsen die Regionen, die für bewegliche Objekte im dreidimensionalen Raum zuständig sind. Damit lassen sich sogar altersbedingte Schrumpfungen umkehren.

Radfahren

Ob auf dem herkömmlichen Drahtesel oder einem modernen E-Bike – wer sich dreimal in der Woche aufs Rad setzt und 30 Minuten strampelt, kann geistige Abbauprozesse bremsen oder zumindest verlangsamen.

Tanzen

Der richtige Takt, neue Schrittkombinationen, genaue Bewegungen und immer schön im Rhythmus bleiben: Beim Tanzen muss das Gehirn ständig etwas tun. Das stärkt die Aufmerksamkeit und Gehirnleistung.

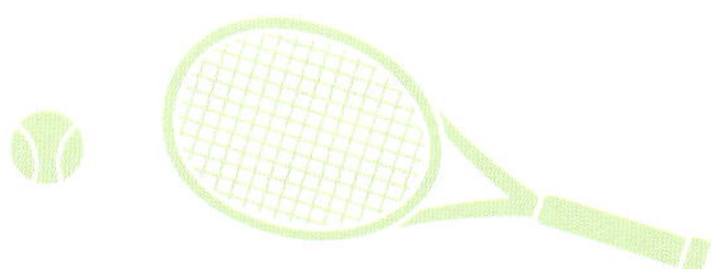

Tennis

Schnelle Bälle, schnelles Denken: Beim Tennis, Tischtennis oder Badminton muss das Gehirn unter Druck in Bruchteilen von Sekunden entscheiden, was die Muskeln umsetzen sollen. Das verbessert die Verbindungen zwischen den Nervenzellen.

Trampolinspringen

Hüpfen auf dem Trampolin sorgt dafür, dass sich Nervenzellen im Kopf besser verbinden und Informationen effektiver weitergeleitet werden. Denn beim Schwingen auf der „Sprungmatte“ muss das Gehirn schnell auf rhythmische Bewegungsimpulse reagieren und sie entsprechend umsetzen.

Über Stock und Stein

Wer in der Natur auf unebenem Untergrund wandert oder läuft, trainiert nicht nur Ausdauer und Muskeln, sondern auch die Reaktionsfähigkeit des Gehirns. Denn der Körper muss immer flexibel reagieren, wenn es über Stock und Stein geht – anders als auf asphaltierten Gehwegen. Jüngst konnte nachgewiesen werden, dass Orientierungsläufe im Gelände unsere Erinnerungsfähigkeit fördern.

Work-out mit Musik

Musik beim Sport wirkt motivierend aufs Gehirn. Eine Studie der Brunel University in London zeigte, dass zudem bestimmte Areale im Kopf gehemmt werden, die sonst Erschöpfung signalisieren. Das gilt vor allem bei klassischer Musik. Wenn Sie also beim Sport schnell müde werden, sollten Sie gängige Melodien als mentale Unterstützung nutzen.

DAS RICHTIGE MASS

150 Minuten Sport pro Woche oder jeden Tag 20 Minuten reichen aus, um die Denkleistung zu steigern. Natürlich dürfen Sie auch mehr machen. Allerdings gilt das Motto „Viel hilft viel“ nicht unbedingt für jede und jeden, sondern nur für Trainierte. Denn zu viel Anstrengung stresst, und das wirkt sich eher negativ auf die Bildung neuer Hirnzellen aus.

Tief durchatmen, bitte!

Mit der richtigen Atmung bringen Sie sprichwörtlich frischen Wind ins Oberstübchen. Denn bewusstes Luftholen und -ablassen kann erwiesenermaßen heilsame Wirkungen haben. Wer die Kunst des richtigen Atmens beherrscht, hat immer einen Stresskiller parat.

Von der Geburt bis zum Tod – wir atmen etwa 20000-mal am Tag und versorgen uns so ständig mit Luft, ohne darüber nachzudenken. Atmen funktioniert einfach, denn ohne Sauerstoff können wir nicht länger als ein paar Minuten überleben. Dafür müssen wir gar nichts tun. Das vegetative (autonome) Nervensystem steuert die Atmung, es passt die Frequenz den Erfordernissen an. Wenn wir uns körperlich anstrengen, Angst spüren, uns unter Druck fühlen oder uns erschrecken, atmen wir schneller. Kommen wir anschließend wieder zur Ruhe, wird die Atmung langsamer. Das passiert in der Regel von allein, wir können es aber auch mit unserem Willen beeinflussen und bewusst ruhig atmen. Denn die Atmung ist die einzige unwillkürliche Organfunktion, die wir selbst beeinflussen können. Anders als zum Beispiel beim Herzschlag können wir hier das Tempo bestimmen – und darin liegt eine große Chance. Es lohnt sich in mehrfacher Hinsicht, sich mit der eigenen Atmung zu beschäftigen und sie zu verbessern. Die heilende Kraft des Atmens wurde lange unterschätzt.

Flache Atmung nur für Notfälle

Wer kennt das nicht? Die Zeit ist knapp, eigentlich müssten drei dringende Dinge gleichzeitig erledigt werden und andere sind noch nicht einmal angefangen. Aufregung macht sich breit. Man steht unter Druck und ist alles andere als tiefenentspannt. Der gesamte Organismus gerät in Alarmbereitschaft. Die Atmung wird flach und schnell, was evolutionär gesehen durchaus sinnvoll für Notfälle ist, aber kein Dauerzustand sein sollte. Nun gilt es, erst einmal herunterzukommen. „Puh, jetzt muss ich aber erst mal tief durchatmen“, heißt es dann. Wir spüren intuitiv, dass sich Körper und Geist dabei beruhigen, Puls und Blutdruck sinken. Beim Atmen wird zwischen der sogenannten Brustatmung und der Bauchatmung unterschieden. Wenn sich der Brustkorb beim Einatmen deutlich hebt und die Muskeln zwischen den Rippen angespannt sind, handelt es sich um die flache schnelle Brustatmung. Die setzt den Körper unnötig unter Stress. Die Folge können Kopfschmerzen, Herzkrankheiten, Immunschwäche, Verspannungen und Konzentrationsschwierigkeiten sein. Schätzungen zufolge setzen etwa zwei Drittel der Erwachsenen diese ungünstige Atemtechnik ein, weil sie den natürlichen Rhythmus verlernt haben.

Gut für Muskeln und Stimmvolumen

Damit das Gehirn optimal mit Sauerstoff versorgt wird, eignet sich die natürliche Bauchatmung (Zwerchfellatmung) besser. Dafür wird die Luft tief in die Körpermitte hineingezogen, sodass sich die Bauchdecke wölbt. Leider hindern Schönheitsideale („Ich muss den Bauch einziehen“), enge Kleidung, viel Sitzen oder eine schlechte Haltung uns oft daran. Wenn wir richtig entspannt sind, setzt diese Form der intensiven Atmung automatisch ein. Sportlerinnen und Sportler nutzen sie bewusst. Auch bei geistigen Anstrengungen ist die Bauchatmung hilfreich. Das Lungenvolumen wird damit besser ausgenutzt und der gesamte Körper hat mehr Energie zur Verfügung. Richtige

Atmung lockert unsere Muskeln und gibt der Stimme mehr Volumen. Je öfter wir uns darauf konzentrieren, „in den Bauch zu atmen“, desto besser.

MEHR SAUERSTOFF FÜR BESSERE KONZENTRATION

+ Atmen wir so tief, dass das Gehirn bestmöglich mit Sauerstoff versorgt wird, vermehrt sich ein Wachstumsfaktor namens Erythropoetin. Er sorgt dafür, dass neue Nervenzellen gebildet werden und sich miteinander vernetzen.
+ Bei tiefer Ein- und Ausatmung kann schädliches Kohlendioxid, ein Abfallprodukt des Stoffwechsels, effektiver abtransportiert werden. Das verhindert Stress und andere Folgeerkrankungen.
+ Durch eine bessere Sauerstoffversorgung bewegt sich die Lymphflüssigkeit stärker und die Zellen können ihre Arbeit effizienter erledigen.
+ Wir werden aufmerksamer, können uns besser konzentrieren und fühlen uns sicherer.
+ Zudem beruhigt sich das vegetative Nervensystem. Wir empfinden weniger Angst, weniger Stress und weniger Schmerzen.

Singen und seufzen fürs Zwerchfell

Damit die Atmung tiefer und entspannter wird, können Sie noch mehr tun: Achten Sie beim Sitzen auf Ihre Körperhaltung. Die Körpermitte sollte sich nicht „zusammenrollen“, sondern aufrecht sein – also Schultern zurück, Blick nach vorne und den Rücken gerade halten. Die Beine bleiben unter dem Tisch besser nebeneinander als über Kreuz. Stehen Sie häufig auf und strecken Sie sich bei Verspannungen. Trainieren Sie beim Sport gezielt die Bauchmuskulatur, damit diese die Atmung unterstützen kann. Wenn Sie lachen, gähnen, seufzen, intensiv riechen, singen oder pfeifen, halten Sie das Zwerchfell fit und trainieren die Atemmuskeln. Erinnern Sie sich ruhig mit kleinen Zetteln oder Notizen („Durchatmen!“) an die richtige Technik.

Nasenatmung stärkt das Gedächtnis

Ebenfalls ratsam: Versuchen Sie, möglichst oft durch die Nase zu atmen. Sie fühlen sich dann körperlich und geistig fitter. Die Nasenatmung reinigt und befeuchtet die Atemluft, sie schützt vor dem Einatmen verschmutzter Luft und hält Krankheitserreger fern. Außerdem verhindert sie, dass die Lungen austrocknen beziehungsweise auskühlen. Durch den erhöhten Luftwiderstand nehmen Sie im Vergleich zur Mundatmung 20 Prozent mehr Sauerstoff auf. Eine Studie der Northwestern University Feinberg School of Medicine in Chicago fand heraus, dass die Nasenatmung sogar unser Gedächtnis stärkt. Probanden konnten Dinge schneller erkennen und sie sich besser merken, wenn sie dabei durch die Nase und nicht durch den Mund einatmeten. Dieser Effekt zeigte sich nicht nur an den schnellen Reaktionen, sondern ließ sich auch im Gehirn nachweisen, wo Neuronen stimuliert wurden, die Emotionen und Erinnerungen stärken.

Jetzt sind Sie dran: Fünf Atemübungen fürs Gehirn

Meist nutzen wir nur einen Bruchteil unseres Atemvolumens und schaden damit der Gesundheit. Um das zu ändern, lässt sich das Atmen gezielt trainieren und therapeutisch einsetzen. Hier finden Sie Anregungen, mit denen Sie aus einfachen Atemzügen echte Sauerstoffduschen für Ihr Gehirn machen können.

Übung 1: In die Tiefe gelangen

Finden Sie zunächst heraus, ob Sie tief oder flach atmen. Dafür legen Sie eine Hand auf den Bauch. Wenn sich die Hand beim Einatmen hebt und beim Luftherauslassen wieder senkt, machen Sie es richtig. Spüren Sie keine Veränderung, ist der Atem zu flach. Um das zu ändern, lässt sich die folgende Technik leicht erlernen:

- Legen Sie sich entspannt auf den Rücken und schließen Sie die Augen.
- Atmen Sie tief durch die Nase ein.
- Spüren Sie dem Atem nach, wie er Ihren Brustraum und Oberkörper mit Luft füllt.
- Atmen Sie langsam und ruhig wieder aus.

Wenn Sie es einrichten können, machen Sie diese Übung zweimal am Tag jeweils eine Viertelstunde als festes Ritual. Auch zwischendurch fördern tiefe Atemzüge in lockerer Haltung die Gesundheit. Nutzen Sie ruhige Minuten, um sich aufzurichten und die Atemzüge zu verlängern.

Übung 2: Gefühle in die Balance bringen

Mit dieser kleinen Übung legen Sie Ihren Fokus bewusst auf das Atmen und verbessern das emotionale Gleichgewicht. Halten Sie beim Einatmen ein Nasenloch zu und beim Ausatmen das andere. Wiederholen Sie dieses Wechselatmen fünf- bis zehnmal – atmen Sie dabei durchgehend tief und ruhig.

Übung 3: Training fürs Zwerchfell

Für diese Übung legen Sie sich auf den Bauch. Der Boden bietet Widerstand, deshalb muss sich das Zwerchfell in der Bauchlage besonders anstrengen.

- Atmen Sie tief ein und spüren Sie dabei, wie die Luft in den Brustraum strömt. Die Atmung sollte so intensiv sein, dass Sie den Bauch in den Boden drücken können und die Körpermitte sich leicht hebt.
- Dann atmen Sie langsam wieder aus, sodass der Bauch nicht mehr in den Boden drückt und die Mitte sich wieder senkt.
- Atmen Sie zehn- bis 15-mal ein und aus. Wiederholen Sie das Zwerchfelltraining mehrmals am Tag.

Übung 4: Schnell mehr Sauerstoff im Blut

Mit dieser Übung können Sie den Sauerstoffgehalt im Blut schnell erhöhen.

- Setzen Sie sich auf einen Stuhl oder (noch besser) im Schneidersitz auf den Boden.
- Atmen Sie tief durch die Nase ein, bis der Bauch sich wölbt.
- Atmen Sie danach wieder aus, indem Sie die Luft schnell wieder herauslassen (am besten regelrecht herauspressen) und gleichzeitig den Bauch einziehen. Das Einatmen soll doppelt so lange dauern wie das Ausatmen.
- Lassen Sie den Bauch dann wieder locker, um von allein tief einzuatmen.
- Machen Sie 15 bis 20 Wiederholungen, ruhig mehrmals täglich.

Übung 5: Besser zur Ruhe kommen

Eine gute Atemtechnik hilft, schneller zur Ruhe zu kommen. Die sogenannte 4-7-8-Atmung eignet sich zum Einschlafen und für kleine Pausen zwischendurch. Sie können sie im Sitzen oder Liegen anwenden.

- Atmen Sie tief durch die Nase ein, während Sie langsam bis vier zählen.
- Halten Sie die Luft an, während Sie bis sieben zählen. Der Mund bleibt dabei geschlossen.
- Öffnen Sie den Mund, atmen Sie laut hörbar vollständig aus und zählen Sie dabei bis acht.
- Wiederholen Sie das Ein- und Ausatmen viermal.

Wenn Sie das anfangs noch nicht schaffen, zählen Sie erst einmal kürzer (also zum Beispiel beim Einatmen bis drei, beim Anhalten bis sechs und beim Ausatmen bis sieben) und steigern sich später. Wenn Sie die Übung regelmäßig machen, werden Sie merken, wie Sie besser werden.

Wie das Gehirn im Schlaf gesundet

Während wir schlummern, leistet das Gehirn Schwerstarbeit. Es repariert Schäden, verarbeitet Informationen, vertieft das Gedächtnis und bildet neue Nervenverbindungen. Schlafen wir zu wenig oder nicht tief genug, wird das nächtliche Anti-Aging-Programm gestört.

Statistisch gesehen verschlafen wir ein Drittel unseres Lebens. Das ist keine vertane Zeit, sondern eine Riesenchance, die nächtliche Ruhe zum Regenerieren zu nutzen. Im Schlaf wird das Gehirn nämlich sprichwörtlich gewaschen. Wenn wir echte Tiefschlafphasen erreichen, werden Amyloide und andere schädliche Substanzen mit einem speziellen Drainagesystem herausgeputzt. Leider erleben wir dieses Glück nicht immer und nicht selbstverständlich. Etwa ein Drittel aller Deutschen klagt über Schlafprobleme. Sie kommen abends nicht zur Ruhe, wachen nachts häufig auf, können nicht wieder einschlafen oder werden zu früh wach. Die Folgen zeigen sich in verschiedenen Bereichen: Die Betroffenen fühlen sich müde, sind weniger leistungsfähig, werden schneller krank und erhöhen ihr Risiko für Herz-Kreislauf-Erkrankungen und Depressionen. Wenn der Körper nicht zur Ruhe kommt, setzt er ständig schädliche Stresshormone frei. Reicht die Schlafenszeit dauerhaft nicht aus, droht der Abbau von Nervenzellen; Krankheiten wie Alzheimer und Parkinson können die Folge sein. Schlafmangel nimmt dem Gehirn die Möglichkeit, Schäden zu reparieren.

Wechsel zwischen Träumen und Tiefschlaf

Eine besondere Rolle für die Schlafqualität und fürs Gehirn spielen die verschiedenen Schlafphasen. Genau in dem Moment, in dem wir einschlafen, schüttet das Gehirn chemische Substanzen aus, die das Bewusstsein ausschalten. Kein Wunder, dass wir uns später nicht daran erinnern können. Während der Nacht laufen unterbewusste Prozesse weiter. Was wir am Tag gelernt haben, verfestigt sich. Traum- und Tiefschlafphasen wechseln in einem Zyklus von 90 bis 110 Minuten. Sie haben unterschiedliche Bedeutungen:

+ Beim Träumen (REM-Schlaf, abgekürzt aus dem englischen Rapid Eye Movement) läuft das Gehirn auf Hochtouren, die Augäpfel bewegen sich hinter den geschlossenen Lidern hin und her. Wir erholen uns geistig.

+ In der traumlosen Tiefschlafphase (Non-REM-Schlaf) regeneriert sich der Körper. Das Immunsystem wird aktiv, der Organismus schüttet Wachstumshormone aus. Die REM-Phase wird mit dem Alter kürzer. Dadurch verschlechtern sich das Gedächtnis und die Konzentrationsfähigkeit, das Risiko für Depressionen steigt.

Schlafentzug lässt schneller altern

Wie dramatisch sich Schlafentzug aufs Gehirn auswirkt, zeigte unter anderem eine Studie des Instituts für Neurowissenschaften und Medizin des Forschungszentrums Jülich. Dafür machten Forschende zuerst MRT-Bilder von den Gehirnen junger, gesunder Probanden, um das biologische Alter der Frauen und Männer zu bestimmen. Die erste Gruppe musste eine Nacht wach bleiben, die zweite durfte nur drei Stunden schlafen, die dritte sollte chronischen Schlafmangel simulieren und schlief fünf Nächte lang jeweils nur fünf Stunden. Während bei den beiden Gruppen mit wenig Schlaf keine signifikanten Änderungen auftraten, führte der komplette Schlafentzug zu einem erschreckenden Ergebnis: Bereits eine Nacht ohne erholsamen Schlaf veränderte das Gehirn so, als sei es um zwei Jahre gealtert. Zum Glück war der Zustand nicht von Dauer. Erholsamer Schlaf danach machte die Veränderungen wieder rückgängig.

WAS BRINGT ZUSÄTZLICHES MELATONIN?

Melatonin als Kapsel, Tee, Spray oder Tablette? Nach Angaben der Hersteller versprechen Präparate mit dem Schlafhormon himmlische Nächte. Doch so einfach ist es nicht. Normalerweise produziert der Körper das Hormon, wenn es dunkel wird, von allein. Mit zunehmendem Alter lässt das jedoch nach; es kommt vermehrt zu Schlafstörungen. In manchen Fällen können kleine Melatoninmengen dann tatsächlich vorübergehend helfen. Doch das frei verkäufliche Melatonin ist schnell abgebaut. Nimmt man dann mehr, besteht die Gefahr von Überdosierungen. Nervosität, Kopfschmerzen, Magenbeschwerden und Depressionen können die Folgen sein. In schweren Fällen wird Melatonin allerdings auch bei der Behandlung von Depressionen eingesetzt.

Ein Schlafgemach zum Wohlfühlen

Leider lässt sich erholsamer Schlaf nicht erzwingen. Wer unter Schlafstörungen leidet, weiß ein Lied davon zu singen. Doch bevor man zu Medikamenten greift, sollte man verschiedene Maßnahmen ausprobieren, die keine unerwünschten Nebenwirkungen haben. Das beginnt schon beim richtigen Bett. Die Matratze darf weder zu hart noch zu weich sein, sondern sollte sich genau an den Körper anpassen und stützen beziehungsweise nachgeben, wo es nötig ist. Das Kopfkissen sollte nicht quadratisch sein, sondern rechteckig, sodass nur der Kopf aufliegt und die Halswirbelsäule beim Schlafen nicht geknickt wird. Lüften Sie regelmäßig. Insbesondere für die REM-Phase ist es wichtig, dass Sie einen festen Schlafrhythmus einhalten und morgens aufstehen, wenn Sie wach sind. Für die nächtlichen Regenerationsprozesse im Gehirn ist der Schlaf vor Mitternacht besonders wichtig. Die beste Einschlafzeit liegt zwischen 22 und 23 Uhr. Sieben bis acht Stunden sind optimal. Lässt das Schlafzimmer sich nicht ausreichend verdunkeln, kann eine Schlafmaske hilfreich sein. Wenn Sie jede Nacht ein- bis zweimal aufwachen, ist das nicht schlimm, solange Sie sich am nächsten Morgen erholt fühlen.

Rechtzeitig herunterkommen

Wenn Sie sich häufig lange im Bett hin und her wälzen und nicht einschlafen können, fehlt möglicherweise Zeit zum Herunterkommen vorm Insbettgehen. Meiden Sie schweres Essen zu später Stunde. Die letzte Mahlzeit sollte etwa drei Stunden vor dem Einschlafen abgeschlossen sein. Atemübungen, autogenes Training, Einschlafmeditationen, leise beruhigende Musik (beispielsweise Klassik oder Loungemusik) oder eine heiße Milch mit Honig helfen so manchem ins Reich der Träume. Aromen wie zum Beispiel Lavendel verstärken die Tiefschlafphase.

Stimmt es oder stimmt es nicht?

Um das Thema Gehirn ranken sich viele Mythen. Hilft Ginkgo wirklich gegen Vergesslichkeit und sollte man mit Rücksicht auf das empfindliche Nervensystem keine Joghurtdeckel ablecken? Was ist dran an der Behauptung, dass Bildung vor Demenz schützt? Hier die häufigsten Mythen im Check.

FASTEN SCHADET DEM GEHIRN

Das stimmt nur, wenn man es maßlos übertreibt und auf die Dauer viel zu wenig isst. Wenn ein Mensch eine Zeit lang (z. B. beim Intervallfasten) mehrere Stunden bewusst keine Nahrung zu sich nimmt und ansonsten ausgewogen isst, gilt das Gegenteil: Der Nahrungsentzug auf Zeit macht jung, denn der Stoffwechsel startet dann ein Reparaturprogramm. Der Körper baut alte, geschädigte Zellen ab, sodass mehr neue gesunde wachsen können. Intervallfasten gilt als wirksames Mittel, um das Langzeitgedächtnis zu verbessern. Außerdem senkt die Ernährungsform das Entzündungsrisiko und kann gegen Übergewicht helfen.

Ginkgo hilft immer gegen das Vergessen

Wer nach Mitteln zur Verbesserung der geistigen Leistungen sucht, stößt schnell auf die chinesische Heilpflanze Ginkgo biloba, die gegen Demenz, Schwindel, Geräusche im Ohr sowie Gedächtnisprobleme helfen soll. Sie enthält unter anderem Pflanzenstoffe, die die Durchblutung und die Sauerstoffversorgung des Gehirns verbessern. In manchen Fällen kann das gelingen, in der Gesamtheit bezeichnet Ökotest die Produkte aber als rausgeschmissenes Geld. Nur ein Ginkgo-Präparat schnitt im Test gut ab: Das Mittel Tebonin enthält als einziges einen Spezialextrakt, der in Studien bei einer Tagesdosis von 240 Milligramm zu einer erkennbaren Verbesserung bei Alzheimer-Demenz und Gedächtnisstörungen führte. Bewegung an der frischen Luft, Gehirnjogging, Memory-Spielen und ausreichend Flüssigkeit bringen laut Demenzforschung mehr als die meisten Ginkgo-Produkte.

Bildung schützt vor Demenz

Das ist naheliegend, stimmt aber nicht. Unsere Denkzentrale altert unabhängig vom Schulabschluss, Menschen aller Schichten erkranken zum Beispiel gleich oft an Alzheimer. Daraus sollte man aber keine falschen Schlüsse ziehen. Denn eine gute Bildung kann Alterungsprozesse zwar nicht verhindern, damit lassen sich Symptome aber länger kompensieren – vor allem, wenn man auch im Rentenalter noch geistige Herausforderungen sucht. Gut gebildete Gehirne verfügen über mehr Verbindungen und ein stärkeres Netzwerk, das den natürlichen Schrumpfungsprozessen länger standhalten kann.

JE INTENSIVER DAS DENKEN, DESTO BESSER FÜRS GEHIRN

Keineswegs. Wer diesem Irrglauben aufsitzt, tut seinem Oberstübchen nichts Gutes. Eine Forschergruppe aus Frankreich konnte belegen, dass im präfrontalen Kortex des Gehirns bei starker geistiger Anstrengung Giftstoffe (unter anderem Glutamate) entstehen, die müde machen und dazu führen, dass die Denkfähigkeit eingeschränkt wird. Die Forschenden empfehlen, diese Müdigkeit als Signal zu nehmen, um das harte Denken zu unterbrechen: also etwas anderes Leichteres zu tun, eine Pause zu machen oder kurz zu schlafen. Im Schlaf wird das Glutamat aus den Synapsen entfernt.

Joghurtdeckel ablecken schädigt das Nervensystem

Das wurde lange behauptet, stimmt aber nicht. Der Mythos kommt daher, dass Joghurtdeckel Aluminium enthalten, das schädlich fürs Nervensystem ist, wenn bestimmte Grenzwerte überschritten werden. Aludeckel sind deshalb mit einer dünnen Kunststoffschicht überzogen. Nur wenn diese beschädigt ist, kann sich Aluminium lösen – allerdings in unbedenklichen Mengen. Gegen das Deckelablecken spricht eher ein anderes Argument: Man kann sich an den scharfen Kanten in die Zunge schneiden. Es ist auch keine Gefahr für die Gesundheit, Joghurtreste mit einem Löffel vom Deckel zu kratzen.

Gehirntraining im Alltag: So bleiben Sie fit im Kopf

Öfter mal etwas Neues lernen, Kontakte zu anderen Menschen pflegen, Leidenschaften leben und sich auch nach dem Berufsleben noch anspruchsvolle Aufgaben suchen: Je länger wir geistig aktiv bleiben, desto besser ist es für unser Gehirn. Zum Glück gibt es viele Möglichkeiten.

Untersuchungen haben es gezeigt: Geistige Fitness ist kein subjektives Gefühl, sondern lässt sich in der Arbeitsweise des Gehirns nachweisen. Wer auch im Alter noch schnell im Kopf ist, kann seine Denkzentrale umfassender einsetzen und ist besser in der Lage, beide Hirnhälften zu nutzen, sodass ein Teil auf die Unterstützung des anderen zurückgreift. Neben der richtigen Ernährung, viel Bewegung und einem gesunden Lebensstil spielt Gehirntraining in verschiedenen Formen dabei eine wichtige Rolle. Das kann entweder gezielt oder nebenbei geschehen. Ob lernen, musizieren, meditieren, Kontakte pflegen, die eigene Achtsamkeit verbessern – ein aktives Leben mit Herausforderungen aller Art ist der beste Schutz vor dem frühzeitigen Abbau mentaler Fähigkeiten. Das Gehirn ist ein Leben lang in der Lage, etwas Neues zu lernen. Und das sollte es auch tun, solange es geht. Jede geistige Herausforderung ist Training für die grauen Zellen.

Immer wieder Neues lernen

Beim Lernen kommt es vor allem auf die Komplexität der selbst gewählten Aufgaben an. Lesen ist eine gute Beschäftigung, Fernsehen vermittelt Informationen, Sudoku macht Freude – all das ist zwar besser als nichts, erfordert aber vergleichsweise wenig Leistungen, die das Gehirn effektiv stimulieren. Besser sind da anspruchsvollere Aufgaben wie zum Beispiel gezieltes Gehirntraining, eine Sprache oder ein Musikinstrument zu lernen, Reisen zu planen und durchzuführen oder schwierige Gerichte zu kochen. Das Gehirn lässt sich mit einem Muskel vergleichen, der nachlässt, sobald er nicht mehr trainiert wird. Das Motto „Je mehr, desto besser" gilt dabei nur mit Einschränkungen: Lernen sollte immer Spaß machen, denn nur dann schüttet der Körper Botenstoffe aus, die die Aufnahmebereitschaft des Gehirns verbessern. So können wir zum Beispiel neu gelernte Inhalte besser behalten, wenn sie mit positiven Gefühlen verbunden sind.

Kontakte und Kommunikation

Auch in der zweiten Lebenshälfte geht es beim Lernen nicht nur um reine Wissensvermittlung, sondern auch ums Miteinander. Tiefgehende Gespräche, wertschät-

zende Kontakte, gemeinsame Spiele oder im Team etwas Neues ausprobieren – Kommunikation mit anderen aktiviert Bereiche des Gehirns, die sonst wenig genutzt werden. Man empfindet die geistigen Tätigkeiten im Beisein von Gleichgesinnten nicht als anstrengendes Lernen, sondern als Vergnügen. Ohne die Gesellschaft von anderen können die meisten Menschen auf Dauer nicht existieren. Wer Freunde oder Gleichgesinnte hat, mit denen er sich regelmäßig austauschen kann, verjüngt sein Gehirn, während Einsamkeit das Oberstübchen schneller altern lässt. Wer sich zu oft allein fühlt, bekommt eher Depressionen, die wiederum das Demenzrisiko erhöhen. Studien zeigten: Je besser die sozialen Beziehungen sind, desto umfangreicher die Gehirnstrukturen in der Großhirnrinde.

ERHÖHTES DEMENZRISIKO DURCH SCHLECHTES HÖREN

Meist verläuft der Prozess schleichend: Mit dem Älterwerden lässt das Hörvermögen nach und damit steigt das Risiko für Demenz. Im Rahmen einer Studie an der Universität Leipzig mit 3500 Teilnehmerinnen und Teilnehmern über 75 Jahren stellte man fest, dass etwa ein Viertel der Probanden eine Demenz entwickelte, die mit schlechtem Hören in Verbindung steht. Wer Beeinträchtigungen frühzeitig – in der Regel mit einem Hörgerät – behandeln lässt, kann seine kognitive Leistungsfähigkeit länger erhalten und die Lebensqualität entsprechend verbessern. Übrigens: Wer in einer lauten Umgebung wohnt und tagsüber mehr als zehn Dezibel Lärm ertragen muss, hat ein um 29 Prozent erhöhtes Alzheimer-Risiko. Die Wahrscheinlichkeit, leichte kognitive Beeinträchtigungen zu entwickeln, ist in lauten Wohnlagen um 36 Prozent größer.

Mehr Lebensqualität durch Achtsamkeit

Um mental gesund zu bleiben, eignet sich auch regelmäßiges Achtsamkeitstraining. Das lässt sich im Alltag nebenbei oder mit speziellen Übungen lernen. Um die jahrtausendealte Methode umzusetzen, die aus der buddhistischen Lehre stammt, müssen Sie nur Ihren Blickwinkel verändern. Denn Achtsamkeit bedeutet, dass man den Dingen, die man gerade tut, ungeteilte Aufmerksamkeit widmet, ohne sie zu beurteilen. Damit wird das Konzentrationsvermögen gestärkt und der Stresspegel gesenkt. Wer diese Kunst beherrscht, wird zufriedener, kreativer und seltener krank. Sie können beim Essen ebenso achtsam sein wie beim Putzen oder beim Arbeiten – einfach, indem Sie sich nicht ablenken lassen. Also beim Essen nicht schon wieder an die Arbeit denken und beim Putzen nicht hektisch werden, weil Sie eigentlich jetzt das Essen kochen wollen. Eine hilfreiche Technik: Statt sich über Dinge aufzuregen, die Sie nicht ändern können, nehmen Sie sie hin und konzentrieren sich auf das Positive. Das ist zwar nicht leicht, aber lernbar. Bestimmt kennen Sie den Spruch „Love it, change it or leave it". Also: Lieben Sie etwas, verändern Sie es oder lassen Sie es sein! Mit dieser Devise kommen Sie leichter durch schwierige Situationen.

Glückshormone freisetzen

Suchen Sie am besten Ihr Leben lang nach Tätigkeiten, die Glückshormone freisetzen! Für manche Menschen ist das ein echtes Hobby, das die Zeit vergessen lässt. Andere wiederum vertrauen auf die Kraft der Musik – entweder beim Hören oder noch besser beim Musizieren. Sobald wir Töne und Melodien als angenehm empfinden, reagiert das Gehirn mit Dopamin-Ausschüttungen, die wie ein Jungbrunnen für den Kopf wirken. Ebenfalls hilfreich: ein Spaziergang in der Natur, ein Sonnenbad im Winter oder kurze Pausen, um sich eigene Erfolge und schöne Erlebnisse bewusst zu machen.

Machen Sie den Test: Wie fit ist Ihr Gehirn?

Wie steht es um Ihre mentale Gesundheit? Geistige Fitness ist eine Grundvoraussetzung für ein erfüllendes Leben. Unser Selbsttest dient als Anregung, um herauszufinden, wo Sie stehen und was Sie in Sachen Lebensstil für Ihren Kopf tun können. Er ersetzt aber keine fachliche Diagnose.

Vergessen Sie in letzter Zeit öfters etwas?

Nein, das passiert nur ganz selten. 2
Ja, manchmal. 1
Leider immer häufiger. 0

Pflegen Sie regelmäßig Kontakte?

Nein, ich bin meistens allein. 0
Ich habe nur noch wenige Bekannte. 1
Ja, zum Glück bin ich gut eingebunden. 2

Schlafen Sie gut?

Ja, meistens. 2
Könnte besser sein. 1
Nein, fast immer schlecht. 0

Handy, Schlüssel, Geldbörse – suchen Sie häufig danach?

Nur manchmal. 1
Nein, so gut wie nie. 2
Immer öfter. 0

Rauchen Sie?

Ja, regelmäßig. 0
Gelegentlich. 1
Nie. 2

Wie alt fühlen Sie sich?

So alt, wie ich bin. 1
Deutlich jünger. 2
Älter, als ich bin. 0

Wie oft treiben Sie Sport?

Selten, aber ich gehe oft spazieren. 1
Nie, ich kann mich nicht aufraffen. 0
Mindestens zweimal pro Woche. 2

Fühlen Sie sich geistig fit?

Nicht mehr. Ich bin sehr vergesslich. 0
Das hängt bei mir von der Tagesform ab. 1
Ich fühle mich fit im Kopf. 2

Wie oft essen Sie Gemüse?

So gut wie nie. 0

Gelegentlich. 1

Jeden Tag. 2

Wie viel Wasser trinken Sie täglich?

Ich schaffe locker 2 Liter. 2

Ich schaffe nicht mehr als ½ Liter. 0

Ich zwinge mich, auf 1 Liter zu kommen. 1

Setzen Sie um, was Sie sich vornehmen?

Ja, darin bin ich richtig gut. 2

Nein, das gelingt mir nicht mehr. 0

Manchmal, könnte aber öfter sein. 1

Wie viel Alkohol trinken Sie?

Jeden Tag mindestens ein Glas. 0

Zwei- bis viermal pro Woche ein Glas. 1

Ich trinke keinen oder nur ganz wenig. 2

Wie oft pflegen Sie Ihre Zähne?

Einmal am Tag oder seltener. 0

Morgens und abends. 1

Nach jedem Essen. 2

Haben Sie das Interesse an Hobbys verloren?

Nein, ich habe noch Freude daran. 2

Manchmal. 1

Mir macht nichts mehr richtig Spaß. 0

AUSWERTUNG

22 BIS 28 PUNKTE

Glückwunsch, bei Ihnen dürfte alles in Ordnung sein! Sie müssen sich keine Sorgen um Ihre geistige Gesundheit machen. Das soll natürlich noch lange so bleiben. Wenn es Dinge gibt, die das Gehirn stärken und die Sie bisher noch nicht tun, zögern Sie nicht, damit anzufangen.

14 BIS 21 PUNKTE

Sie kommen im Alltag offensichtlich noch gut zurecht, haben aber manchmal Probleme, wenn Sie im Stress oder sehr müde sind. Wenn es schnell gehen soll, kommen Sie nicht mehr so mit wie früher. Damit die geistige Fitness nicht allzu schnell nachlässt, können Sie bestimmt noch mehr tun als bisher.

0 BIS 13 PUNKTE

Wahrscheinlich haben Sie es selbst schon gemerkt: Es fällt Ihnen schwerer, Ihr tägliches Leben zu bewältigen. Sie vergessen einiges, ziehen sich zurück und erleben eventuell weniger Freude als früher. Lassen Sie sich ärztlich beraten. Es ist möglich, geistige Beeinträchtigungen zu verbessern und zu verzögern.

Besser essen für das Gehirn

Nach der Theorie folgt nun die leckere Praxis. Wir stellen Ihnen über 70 Rezepte vor, die nicht nur Ihnen, sondern auch Ihren grauen Zellen gut schmecken. Sie begleiten Sie genussvoll durch den Tag und enthalten alle wichtigen Nährstoffe, die das Gehirn braucht, um lange fit zu bleiben. Das Beste: Alle Gerichte sind absolut alltagstauglich und schnell zuzubereiten. Lassen Sie sich von unseren Brain-Food-Ideen inspirieren – es ist garantiert für jeden Geschmack und jede Gelegenheit etwas dabei. Wir wünschen Ihnen viel Spaß beim Kochen und einen gesunden Appetit!

FRÜHSTÜCK

Wer mit einem guten Frühstück in den Tag startet, versorgt den Körper lang anhaltend mit Energie und fördert die Leistungsfähigkeit des Gehirns. Unsere Rezepte setzen daher auf reichlich Eiweiß aus Quark, Nüssen und Eiern, auf gesunde Fette sowie wertvolle Ballaststoffe aus Gemüse und Getreide. Ob mit Müsli, Omelett oder Power-Brot: So sind Sie topfit für den Tag.

Beeren-Minze-Müsli

Für 2 Personen
Zubereitung: 20 Minuten

1 kleine Banane (ca. 130 g)
3 Stiele Minze
300 g Joghurt (1,5 % Fett)
30 g Haselnusskerne
1 EL Kürbiskerne
50 g kernige Haferflocken
50 g Buchweizenflocken
150 g gemischte Beeren (z. B. Brom-, Heidel-, Him- oder Rote Johannisbeeren)

Pro Portion: ca. 450 kcal, 16 g EW, 17 g F, 53 g KH, 8 g BST

+ Die Banane schälen, grob in Stücke schneiden und in einen hohen Rührbecher geben. Die Minze waschen, trocken tupfen und die Blätter abzupfen. Einige Minzeblätter zum Garnieren beiseitelegen, den Rest grob hacken und mit dem Joghurt zur Banane geben. Alles mit dem Stabmixer fein pürieren.

+ Haselnüsse und Kürbiskerne grob hacken und mit den Hafer- und Buchweizenflocken mischen. 2 EL Nuss-Flocken-Mix zum Garnieren beiseitestellen, den Rest unter den Bananen-Minze-Joghurt rühren. Das Müsli auf Schalen verteilen.

+ Zum Servieren die Beeren verlesen, waschen und trocken tupfen. Das Müsli mit den Beeren belegen und mit dem beiseitegestellten Nuss-Flocken-Mix bestreuen. Mit der restlichen Minze garnieren.

Tipp: Falls keine frische Minze erhältlich ist, können Sie stattdessen auch 1 bis 2 TL getrocknete Minze verwenden und wie beschrieben mit Banane und Joghurt pürieren.

Die Ernährungs-Docs

Bananen können das morgendliche Müsli versüßen – aber bitte nur in Maßen, denn sie enthalten neben Traubenzucker (Glukose) auch viel Fruchtzucker (Fruktose). Dank reichlich Kalium und vieler B-Vitamine wirken Bananen belebend und verbessern die Reaktions- und Denkfähigkeit. Kalium reguliert den Wasserhaushalt und versorgt das Gehirn mit Sauerstoff.

Sojaflockenmüsli mit Kirschen

Für 2 Personen
Zubereitung: 25 Minuten
Auftauen: 30 Minuten

150 g tiefgekühlte Sauerkirschen (ohne Stein)
100 g Sojaflocken
20 g zarte Haferflocken
2 TL Kakaopulver (schwach entölt)
100 ml kochend heißes Wasser
20 g Pistazienkerne
20 g Mandeln
250 g Magerquark
2 TL Ahornsirup
2 TL Kakao-Nibs (roh)

Pro Portion: ca. 550 kcal, 45 g EW, 26 g F, 25 g KH, 15 g BST

+ Die Kirschen rechtzeitig auftauen lassen, dazu 20 bis 30 Minuten vor der Zubereitung aus dem Tiefkühlfach nehmen. Alternativ im Kühlschrank über Nacht auftauen lassen.

+ Inzwischen die Sojaflocken und Haferflocken in einer Pfanne ohne Fett bei mittlerer Hitze unter Wenden hell rösten. Vom Herd nehmen, etwas abkühlen lassen, dann mit dem Kakaopulver mischen. Die Kakao-Flocken-Mischung auf hitzefeste Gläser verteilen und jeweils mit 50 ml kochend heißem Wasser übergießen. Jedes Müsli umrühren und etwa 10 Minuten quellen lassen.

+ Inzwischen die Pistazien und Mandeln grob hacken. Von den aufgetauten Kirschen 50 g abnehmen und zum Garnieren beiseitestellen, den Rest mit Quark und Ahornsirup in einem hohen Rührbecher mit dem Stabmixer fein pürieren.

+ Zum Servieren den Kirschquark über die Flockenmischung in die Gläser geben. Mit Pistazien, Mandeln und Kakao-Nibs bestreuen und mit den restlichen Kirschen garnieren.

Die Ernährungs-Docs

Sojaflocken enthalten Lecithine, fettähnliche Substanzen, die für die Funktion des Gehirns wichtig sind. Sie sorgen für eine schnelle Weiterleitung von Informationen und verbessern die Gedächtnisleistung und Kombinationsfähigkeit. Zudem werden Lecithine in Gehirn und Nerven in Acetylcholin, einen wichtigen Neurotransmitter, umgewandelt (siehe Seite 20 f.). Auch Eier und Buttermilch liefern Lecithine.

Obstmüsli nach Bircher Art

Für 2 Personen
Zubereitung: 25 Minuten

20 g getr. Sauerkirschen (ungesüßt)
300 g Joghurt (1,5 % Fett)
5 EL Orangensaft
¼ TL gemahlene Vanille
75 g kernige Haferflocken
1 kleiner säuerlicher Apfel (z. B. Elstar)
1 EL Zitronensaft
1 reife Nektarine
60 g Brombeeren
25 g Haselnusskerne
2 TL flüssiger Honig
2 TL Pinienkerne

Pro Portion: ca. 460 kcal, 17 g EW, 16 g F, 60 g KH, 11 g BST

+ Die Kirschen grob hacken, mit Joghurt, Orangensaft, Vanille und Haferflocken verrühren und etwa 20 Minuten quellen lassen.

+ Inzwischen den Apfel waschen, vierteln, entkernen und auf der Gemüsereibe grob raspeln. Die Apfelraspel sofort mit dem Zitronensaft beträufeln, damit sie sich nicht bräunlich verfärben. Die Nektarine waschen, halbieren, entsteinen und in dünne Spalten schneiden. Die Brombeeren verlesen, waschen und trocken tupfen.

+ Die Nüsse hacken und in einer Pfanne ohne Fett bei mittlerer Hitze hell rösten. Vom Herd nehmen und abkühlen lassen. Dann mit Apfelraspeln und Honig unter den Flocken-Joghurt-Mix mischen.

+ Zum Servieren die Pinienkerne grob hacken. Das Müsli in Schalen anrichten, mit Nektarinespalten und Brombeeren belegen und mit Pinienkernen bestreuen.

Overnight-Müsli mit Beeren

+ Am Vorabend die Mandeln grob hacken, mit den Kürbis- und Sonnenblumenkernen sowie Leinsamen und Sesam mischen und in einer Pfanne ohne Fett bei mittlerer Hitze hell rösten. Vom Herd nehmen und abkühlen lassen. Ein Drittel zum Garnieren beiseitestellen.

+ Die Dinkelflocken mit Ahornsirup, Cranberrys, restlichen gerösteten Kernen und 125 ml Wasser verrühren und im Kühlschrank abgedeckt mind. 7 Stunden, am besten über Nacht, quellen lassen.

+ Am nächsten Tag die Birne waschen, vierteln, entkernen und in feine Würfel schneiden. Die Beeren verlesen, waschen und trocken tupfen. Die Birnenwürfel und zwei Drittel der Beeren mit 200 ml Kefir unter das Müsli mischen und auf Schalen verteilen.

+ Zum Servieren das Müsli jeweils mit übrigem Kefir beträufeln, mit den beiseitegestellten Kernen und restlichen Beeren bestreuen und mit je 1 TL Mandel- oder Hanföl beträufeln.

Für 2 Personen
Zubereitung: 20 Minuten
Quellen: 7 Stunden (über Nacht)

20 g Mandeln
15 g Kürbiskerne
15 g Sonnenblumenkerne
15 g geschroteter Leinsamen
1 EL ungeschälte Sesamsamen
75 g zarte Dinkelflocken
1 TL Ahornsirup
10 g getr. Cranberrys (ungesüßt)
1 kleine Birne (z. B. Conference)
60 g Himbeeren
60 g Heidelbeeren
300 ml Kefir (1,5 % Fett)
2 TL Mandel- oder Hanföl

Pro Portion: ca. 560 kcal, 20 g EW, 27 g F, 50 g KH, 12 g BST

Kurkuma-Porridge mit Orange

Für 2 Personen
Zubereitung: 20 Minuten

30 g Walnusskerne
10 g Ingwer
300 ml ungesüßter Mandeldrink
160 ml Kokosmilch
Salz
1 TL gemahlene Kurkuma
¼ TL Zimtpulver
Pfeffer aus der Mühle
75 g zarte Haferflocken
1 große Orange
20 g Granatapfelkerne
(frisch oder tiefgekühlt
und aufgetaut)

Pro Portion: ca. 470 kcal,
11 g EW, 30 g F, 37 g KH, 7 g BST

+ Die Walnüsse grob hacken und in einer Pfanne ohne Fett bei mittlerer Hitze hell rösten, bis sie duften. Vom Herd nehmen und abkühlen lassen. Den Ingwer schälen und fein reiben.

+ Den Mandeldrink mit Kokosmilch, 1 Prise Salz, Kurkuma, Zimt und etwas Pfeffer in einem Topf bei mittlerer Hitze unter Rühren aufkochen. Die Haferflocken unterrühren und alles nochmals kurz aufkochen. Dann den Porridge mit geschlossenem Deckel bei schwacher Hitze etwa 10 Minuten quellen lassen, dabei ab und zu umrühren.

+ Inzwischen die Orange so großzügig schälen, dass auch die weiße Haut mit entfernt wird. Die Filets zwischen den einzelnen Trennhäuten über einer Schüssel herausschneiden, dabei den abtropfenden Saft auffangen und den Rest der Orange gut ausdrücken.

+ Den Porridge vom Herd nehmen, den Ingwer und den aufgefangenen Orangensaft unterrühren. Den Porridge auf Schalen verteilen und mit Orangenfilets und Granatapfelkernen belegen. Zum Servieren die Walnüsse darüberstreuen. Am besten noch warm servieren.

Die Ernährungs-Docs

Kurkuma kann unser Gehirn effektiv schützen, das hat eine Studie der Havard University ergeben. Verantwortlich dafür ist der stark entzündungshemmende sekundäre Pflanzenstoff Curcumin. Er fördert den Neuaufbau von Nervenzellen und bremst Oxidationsprozesse. Sogar altersbedingte Gehirnerkrankungen, die das Gedächtnis schwächen, lassen sich mit Kurkuma bis zu einem gewissen Grad eindämmen. Curcumin kann die für viele Moleküle undurchlässige Blut-Hirn-Schranke passieren und beim Einfangen von freien Radikalen helfen.

Granola-Müsli-Mischung

Für ca. 900 g (18 Portionen)
Zubereitung: 15 Minuten
Backen: 30 Minuten

75 g Mandeln
75 g Pekannusskerne
75 g Haselnusskerne
75 g Cashewkerne
60 g Kürbiskerne
60 g Sonnenblumenkerne
100 g kernige Haferflocken
100 g kernige Dinkelflocken
100 g Quinoaflocken
80 g natives Kokosöl
80 g dunkles Mandelmus
Salz
1 TL gemahlene Vanille
60 g getr. Soft-Aprikosen

Pro Portion (ca. 50 g):
270 kcal, 8 g EW, 19 g F,
15 g KH, 4 g BST

+ Den Backofen auf 160 °C vorheizen. Ein Backblech mit Backpapier belegen. Mandeln, Pekan-, Haselnüsse und Cashewkerne grob hacken und in einer Schüssel mit Kürbis- und Sonnenblumenkernen sowie Hafer-, Dinkel- und Quinoaflocken mischen.

+ Das Kokosöl in einem Topf bei schwacher Hitze zerlassen. Mandelmus, 1 Prise Salz und Vanille hinzufügen, alles gut verrühren und gründlich unter den Flocken-Nuss-Mix mischen. Die Masse gleichmäßig auf dem Blech verteilen und im Ofen auf der 2. Schiene von unten 25 bis 30 Minuten backen, dabei mehrmals wenden.

+ Inzwischen die Aprikosen klein würfeln. Das Granola aus dem Ofen nehmen und abkühlen lassen, dann die Aprikosenwürfel untermischen. Das Granola in einem großen Behälter mit Deckel kühl und trocken aufbewahren, es ist mind. 6 Wochen haltbar.

+ Zum Servieren pro Person etwa 50 g Granola mit einem Milchprodukt nach Wahl (z. B. Joghurt, Dickmilch oder Kefir) und Obst nach Saison kombinieren. Alternativ können Sie auch veganen Kokos- und Mandeljoghurt oder veganen Skyr oder Quark auf Sojabasis nehmen.

Tipp: Die Granola-Müsli-Mischung lässt sich genauso mit Zimtpulver oder abgeriebener Bio-Zitronen- oder -Orangenschale würzen. Statt der getrockneten Aprikosen passen auch 2 EL rohe Kakao-Nibs.

Die Ernährungs-Docs

Knabbern Sie öfter mal Sonnenblumenkerne oder streuen Sie die knackigen Samen regelmäßig über Ihr Müsli – das schützt nachweislich das Gehirn. Sonnenblumenkerne gelten als absolute Top-Lieferanten für Folsäure (ca. 100 µg pro 100 g). Dieses B-Vitamin ist an der Blutbildung und der Zellteilung beteiligt und mildert Müdigkeit und Konzentrationsschwäche.

Buchweizen-Porridge mit Erdbeeren

Für 2 Personen
Zubereitung: 20 Minuten

100 g Buchweizengrütze
¼ l ungesüßter Mandeldrink
3 EL geschälte Hanfsamen
½ TL Zimtpulver
100 g Erdbeeren
1 kleine Banane
1 EL Mandeln
1 Stiel Zitronenmelisse
1 EL Kakao-Nibs (roh)
1 EL Sonnenblumenkerne

Pro Portion: ca. 410 kcal,
12 g EW, 15 g F, 52 g KH, 6 g BST

+ In einem kleinen Topf 200 ml Wasser aufkochen. Die Buchweizengrütze mit einem Schneebesen einrühren und mit geschlossenem Deckel bei schwacher Hitze etwa 10 Minuten köcheln lassen. Dann den Mandeldrink, 2 EL Hanfsamen und den Zimt dazugeben und alles offen noch etwa 5 Minuten unter Rühren garen.

+ Die Erdbeeren waschen, putzen und je nach Größe halbieren oder vierteln. Die Banane schälen und schräg in dünne Scheiben schneiden. Die Mandeln klein hacken. Die Zitronenmelisse waschen, trocken tupfen und die Blätter abzupfen.

+ Zum Servieren den Porridge in Schalen anrichten und mit Erdbeeren, Bananen, übrigen Hanfsamen, Mandeln, Kakao-Nibs und Sonnenblumenkernen bestreuen. Mit der Zitronenmelisse garnieren.

Hüttenkäse-Frühstück mit Papaya

+ Die Pistazien in einer Pfanne ohne Fett bei mittlerer Hitze hell rösten, vom Herd nehmen und abkühlen lassen, dann grob hacken.

+ Die Papaya halbieren und die Kerne entfernen, das Fruchtfleisch schälen und in etwa 1 cm große Würfel schneiden. Mit dem Limettensaft und Honig beträufeln und den Frischkäse vorsichtig unterheben. Den Papayahüttenkäse auf Schalen verteilen.

+ Zum Servieren die Brombeeren verlesen, waschen und trocken tupfen. Das Frühstück jeweils mit Beeren belegen und mit Pistazien und Haferflocken bestreuen. Zuletzt den Pfeffer darübermahlen und alles mit je 2 TL Walnussöl beträufeln.

Für 2 Personen
Zubereitung: 15 Minuten

30 g Pistazienkerne
300 g Papaya
2 TL Limettensaft
2 TL flüssiger Honig
400 g körniger Frischkäse (Hüttenkäse)
50 g Brombeeren
2 EL kernige Haferflocken
Pfeffer aus der Mühle
4 TL Walnussöl

Pro Portion: ca. 490 kcal, 30 g EW, 27 g F, 28 g KH, 5 g BST

Overnight Oats mit Gemüse

Für 2 Personen
Zubereitung: 20 Minuten
Quellen: 7 Stunden (über Nacht)

40 g schwarze Oliven (in Lake; ohne Stein)
2 Mini-Salatgurken (ca. 200 g)
80 g kernige Haferflocken
300 ml Schwedenmilch (ersatzweise 200 g Dickmilch und 100 g Joghurt; je 3,5 % Fett)
150 g Cocktailtomaten
2–3 bunte Snack-Paprikaschoten (ca. 80 g)
Salz, Pfeffer aus der Mühle
¼ TL rosenscharfes Paprikapulver
2 EL Olivenöl
1 Handvoll Radieschensprossen

Pro Portion: ca. 400 kcal, 13 g EW, 20 g F, 37 g KH, 7 g BST

+ Am Vorabend die Oliven abtropfen lassen und halbieren oder vierteln. Eine Mini-Gurke putzen, waschen und klein würfeln. Die Haferflocken mit der Schwedenmilch mischen und Oliven und Gurkenwürfel unterrühren. Die Oats im Kühlschrank abgedeckt etwa 7 Stunden, am besten über Nacht, quellen lassen.

+ Am nächsten Tag die übrige Gurke putzen, waschen und in kleine Würfel schneiden. Die Tomaten waschen und vierteln. Die Paprika halbieren, putzen, waschen und quer in feine Streifen schneiden. Das Gemüse mischen, mit Salz, Pfeffer und Paprika würzen.

+ Die Hälfte des Gemüse-Mix unter die Haferflockenmischung ziehen und die Oats in tiefen Tellern oder Schalen anrichten. Mit dem übrigen Gemüse belegen und mit dem Olivenöl beträufeln. Zum Servieren die Sprossen in einem Sieb kurz abbrausen, abtropfen lassen und über die herzhaften Oats streuen.

Die Ernährungs-Docs

Wie Joghurt, Buttermilch und Kefir ist Schwedenmilch ein Sauermilchprodukt und enthält eine gute Portion lebende, darmgesunde Milchsäurebakterien. Diese stärken nicht nur das Mikrobiom und das Immunsystem. Sie fördern auch die Produktion von Serotonin im Gehirn und können Stress reduzieren, was sich positiv auf unsere Stimmung auswirkt. Zudem stimulieren sie den Vagusnerv und damit die Darm-Hirn-Achse (siehe Seite 22).

Porridge mit Ei und Gurkensalat

Für 2 Personen
Zubereitung: 25 Minuten

150 g Joghurt (3,5 % Fett)
2 EL Milch (1,5 % Fett)
2 EL Weißweinessig
Salz, Pfeffer aus der Mühle
½ Bund Dill
150 g Radieschen
½ Salatgurke (ca. 200 g)
1 Frühlingszwiebel
1 kleine rote Zwiebel
1 EL Olivenöl
120 g kernige Haferflocken
¼ l Gemüsebrühe
2 Eier (Größe M)

Pro Portion: ca. 470 kcal,
20 g EW, 20 g F, 46 g KH, 9 g BST

+ Für das Salatdressing den Joghurt mit Milch und Essig glatt verrühren und mit Salz und Pfeffer würzen. Den Dill waschen, trocken tupfen und die Spitzen abzupfen. Einige Dillspitzen zum Garnieren beiseitelegen, den Rest fein hacken und unter das Dressing mischen.

+ Die Radieschen putzen, waschen und vierteln. Die Gurke putzen, waschen, längs halbieren und entkernen. Die Gurkenhälften nochmals längs halbieren und in etwa 1 cm breite Stücke schneiden. Frühlingszwiebel putzen, waschen und in dünne Ringe schneiden. Radieschen, Gurke und Frühlingszwiebel mit dem Dressing locker mischen.

+ Die Zwiebel schälen, fein würfeln und in einem Topf im Öl bei mittlerer Hitze andünsten. Die Haferflocken dazugeben, kurz rösten und mit der Brühe ablöschen. Alles einmal aufkochen, mit Salz und Pfeffer würzen und mit geschlossenem Deckel bei schwacher Hitze etwa 10 Minuten quellen lassen.

+ Inzwischen die Eier in kochendem Wasser 7 bis 8 Minuten wachsweich garen. Anschließend kalt abschrecken, pellen und halbieren. Zum Servieren den Porridge in Schalen anrichten. Den Radieschen-Gurken-Salat und die Eierhälften darauf verteilen, mit den beiseitegelegten Dillspitzen garnieren.

Die Ernährungs-Docs

Salatgurken sind das wasserreichste und kalorienärmste Gemüse. Zu ihren „inneren Werten" gehören vor allem Kalium und nervenstärkende B-Vitamine. Wie Erdbeeren enthalten Gurken außerdem den entzündungshemmenden Farbstoff Fisetin, der die Gedächtnisleistung verbessern und Nervenzellen vor dem Altern schützen soll.

Walnuss-Hafer-Baguette

Für 2 Baguettes
(à ca. 150 g; 20 Scheiben)
Zubereitung: 40 Minuten
Gehen: 2 ¾ Stunden
Backen: 25 Minuten

150 g zarte Haferflocken
150 g Dinkelvollkornmehl
125 g Dinkelmehl (Type 630)
1 TL Salz
10 g frische Hefe
310 ml lauwarmes Wasser
50 g Walnusskerne
Öl für die Frischhaltebox
Mehl zum Arbeiten und Bestäuben
½ l heißes Wasser

Pro Scheibe (ca. 30 g):
ca. 100 kcal, 3 g EW, 3 g F, 14 g KH, 2 g BST

+ Die Haferflocken im Blitzhacker zu Mehl fein mahlen. Das Hafermehl in einer Rührschüssel mit den beiden Dinkelmehlsorten und dem Salz mischen. Die Hefe in 2 EL lauwarmem Wasser auflösen und zur Mehlmischung geben. Das übrige lauwarme Wasser (280 ml) dazugießen und alle Zutaten mit den Knethaken des Handrührgeräts oder der Küchenmaschine etwa 5 Minuten gründlich verkneten. Anschließend den Teig an einem warmen Ort (z. B. bei 40 °C im Backofen) abgedeckt etwa 15 Minuten gehen lassen.

+ Inzwischen die Walnüsse grob hacken. Nach dem Gehen zum Teig geben und etwa 5 Minuten unterkneten, bis sich der Teig vom Schüsselrand löst. Den Teig an einem warmen Ort abgedeckt nochmals etwa 1 Stunde gehen lassen.

+ Anschließend den Teig in eine geölte Frischhaltebox legen und luftdicht verschlossen im Kühlschrank noch etwa 1 Stunde gehen lassen. Ein Backblech mit Backpapier belegen.

+ Danach den Teig herausnehmen und auf der leicht bemehlten Arbeitsfläche halbieren. Jede Teighälfte mit bemehlten Händen und leichtem Druck zu einem etwa 30 cm langen Baguette formen. Die Baguettes auf der Teignaht nebeneinander auf das Blech legen und abgedeckt etwa 30 Minuten gehen lassen. Den Backofen auf 220 °C vorheizen, dabei ein tiefes Backblech in die unterste Schiene schieben und mit ½ l heißem Wasser füllen.

+ Die Baguettes mit Mehl bestäuben und im Abstand von etwa 3 cm mehrmals schräg einschneiden. Die Brote im Ofen auf der 2. Schiene von unten etwa 10 Minuten backen. Danach das mit Wasser gefüllte Blech herausnehmen und die Baguettes weitere 15 Minuten knusprig backen. Herausnehmen und auf einem Kuchengitter abkühlen lassen.

Power-Brotzeit

Diese Fitmacherbrote schmecken nicht nur gut. Mit reichlich Eiweiß-Power, langsamen Kohlenhydraten und gesunden Fetten helfen sie auch, unsere Gehirn-Akkus wieder aufzuladen. Als Brotbasis empfehlen wir kerniges Roggen- oder Proteinbrot – am besten selbst gebacken.

Auberginen-Tahin-Schnitten

Für 2 Personen: **150 g Aubergine** putzen, waschen und quer in etwa 1 cm dicke Scheiben schneiden. Die Scheiben **salzen** und etwa 10 Minuten ziehen lassen. Danach die Auberginenscheiben trocken tupfen und in einer großen beschichteten Pfanne in **2 EL Olivenöl** bei starker Hitze auf beiden Seiten etwa 5 Minuten goldbraun braten. **50 g Frischkäse** (Doppelrahmstufe) mit **1 EL Tahin** (Sesampaste) und **2 TL Zitronensaft** verrühren, mit **½ TL gemahlenem Kreuzkümmel,** Salz und **Pfeffer** würzen und auf **2 Scheiben Roggensauerteigbrot** (à ca. 60 g; siehe Seite 80) streichen. Die Schnitten mit den Auberginen belegen, mit **2 EL Granatapfelkernen** und **1 EL gehackter Petersilie** garnieren.

Zubereitung: 25 Minuten
Pro Portion: ca. 400 kcal,
10 g EW, 23 g F, 36 g KH, 7 g BST

Die Ernährungs-Docs

Kohlenhydrate versorgen das Gehirn mit Energie. Greifen Sie bei einem Leistungstief aber nicht zu Süßem oder Weißmehlprodukten. Diese bestehen aus raffinierten Kohlenhydraten, die schnell ins Blut gehen und nur kurzfristig für den gewünschten Kick sorgen. Essen Sie besser eine mediterran belegte Vollkornschnitte mit Gemüse, Nüssen und Hülsenfrüchten. Die liefert neben komplexen Kohlenhydraten gleich noch gute Fette, Vital- und Ballaststoffe.

Crostini mit Paprikapüree

Für 2 Personen: **30 g Kichererbsen** (aus der Dose) in einem Sieb abbrausen und abtropfen lassen. **50 g rote geröstete Paprika** (aus dem Glas; in Lake) in Stücke schneiden. Beides mit **2 TL Olivenöl, 1 TL Zitronensaft, ½ TL Tomatenmark** und **1 EL Sonnenblumenkernen** im Blitzhacker fein pürieren. Mit **Salz** und **¼ TL Chiliflocken** würzen. **10 g Rucola** verlesen, waschen und trocken tupfen, dabei grobe Stiele entfernen. **½ kleine Avocado** schälen und in kleine Würfel schneiden. **3 Scheiben Saatenbrot** (à ca. 50 g; siehe Seite 78) quer halbieren, in einer Pfanne bei mittlerer Hitze auf beiden Seiten etwa 5 Minuten rösten. Die Crostini mit dem Paprikapüree bestreichen und mit Avocado und Rucola garnieren.

Zubereitung: 25 Minuten
Pro Portion: ca. 420 kcal,
14 g EW, 29 g F, 18 g KH, 10 g BST

Ei-Stullen mit Ölsardinen

Für 2 Personen: **1 Ei** (Größe M) in kochendem Wasser 10 Minuten hart kochen, kalt abschrecken und abkühlen lassen. **40 g kleine Strauchtomaten** und **75 g Mini-Salatgurke** putzen, waschen und in dünne Scheiben schneiden. **20 g schwarze Tapenade** (Olivenpaste) mit **2 EL saurer Sahne** verrühren und auf **2 Scheiben Roggensauerteigbrot** (à ca. 60 g; siehe Seite 80) streichen. Das Ei pellen und in Scheiben schneiden. Die Blätter von **½ Beet Kresse** abschneiden, waschen und trocken tupfen. Die Brotscheiben mit Ei, Tomaten und Gurke belegen, **salzen** und **pfeffern**. Mit **jeweils 2 Sardinenfilets** (in Öl; ca. 60 g) belegen und zum Servieren mit der Kresse garnieren.

Zubereitung: 20 Minuten
Pro Portion: ca. 340 kcal,
18 g EW, 13 g F, 33 g KH, 7 g BST

Saatenbrot mit Hafer

Für 1 Kastenform
(ca. 20 cm Länge; 14 Scheiben)
Zubereitung: 30 Minuten
Quellen: 12 Stunden
(über Nacht)
Backen: 1 Stunde

100 g zarte Haferflocken
50 g geschroteter Leinsamen
30 g Mandeln
30 g Walnusskerne
30 g Pekannusskerne
80 g Sonnenblumenkerne
80 g Kürbiskerne
20 g ungeschälte Sesamsamen
30 g geschälte Hanfsamen
30 g Flohsamenschalen
1 TL Salz
2 EL natives Kokosöl

Pro Scheibe (ca. 50 g):
ca. 190 kcal, 7 g EW, 13 g F,
8 g KH, 5 g BST

+ Am Vortag die Kastenform mit Backpapier auslegen. Die Haferflocken und den Leinsamenschrot portionsweise im Blitzhacker zu Mehl fein mahlen. Mandeln, Walnüsse und Pekannusskerne in einer Pfanne ohne Fett bei mittlerer Hitze hell rösten. Herausnehmen und abkühlen lassen, dann grob hacken.

+ In einer Schüssel die Nussmischung mit Hafer-Leinsamen-Mehl, Sonnenblumen- und Kürbiskernen, Sesam-, Hanf- und Flohsamen sowie Salz mischen.

+ In einem Topf das Kokosöl mit 300 ml Wasser unter Rühren lauwarm erhitzen. Dann mit einem Kochlöffel gründlich unter den Saaten-Nuss-Mix rühren, bis alles gut vermischt ist. Die Masse in die Kastenform füllen und die Oberfläche glatt streichen. Das Brot bei Zimmertemperatur abgedeckt etwa 12 Stunden, am besten über Nacht, quellen lassen.

+ Am nächsten Tag den Backofen auf 180 °C vorheizen. Das Brot im Ofen auf der 2. Schiene von unten etwa 30 Minuten backen. Dann herausnehmen, mithilfe des Backpapiers aus der Form lösen und im Ofen auf dem Rost bei gleicher Einstellung nochmals etwa 30 Minuten backen. Das Brot aus dem Ofen nehmen und auf einem Kuchengitter vollständig auskühlen lassen.

Die Ernährungs-Docs

Hanfsamen gelten zu Recht als Superfood, denn in den kleinen Kraftpaketen stecken jede Menge gesunde Inhaltsstoffe. Dazu zählen neben reichlich Eiweiß vor allem Omega-3- (Alpha-Linolensäure) und Omega-6-Fettsäuren (Linolsäure), die in den Samen im idealen Verhältnis von 1:3 vorliegen. Zudem liefern Hanfsamen die seltene und sehr wertvolle Gamma-Linolensäure, die für die Nervenreizleitungen im Gehirn wichtig ist.

Roggenkrustenbrot mit Sauerteig

Für 1 Laib
(ca. 1,3 kg; 20 Scheiben)
Zubereitung: 30 Minuten
Gehen: 2 Stunden
Backen: 1 ¼ Stunden

350 g Roggenvollkornmehl
250 g Roggenmehl (Type 1150)
250 g Dinkelmehl (Type 1050)
½ Würfel frische Hefe (21 g)
10 g Ahornsirup
450 ml lauwarmes Wasser
150 g flüssiger Roggennatursauerteig (aus dem Bioladen)
2 TL Salz
1 EL Brotgewürzmischung
Mehl zum Arbeiten und Bestäuben
heißes Wasser für den Backofen

Pro Scheibe (ca. 60 g):
ca. 160 kcal, 5 g EW, 1 g F,
30 g KH, 5 g BST

+ Die drei Mehlsorten in einer Rührschüssel mischen, eine Mulde in die Mitte drücken und die Hefe hineinbröckeln. Den Ahornsirup mit 150 ml lauwarmem Wasser verrühren, in die Mulde gießen und alles mit etwas Mehl vom Rand verrühren, sodass sich die Hefe vollständig auflöst. Den Vorteig an einem warmen Ort abgedeckt etwa 15 Minuten gehen lassen.

+ Danach übriges lauwarmes Wasser (300 ml), Sauerteig, Salz und Brotgewürz dazugeben und alles mit den Knethaken des Handrührgeräts oder der Küchenmaschine etwa 5 Minuten glatt verkneten, der Teig soll sich vom Schüsselrand lösen. Falls nötig, noch Wasser oder Mehl einarbeiten. Dann den Teig auf der leicht bemehlten Arbeitsfläche mit den Händen 5 bis 10 Minuten kräftig durchkneten. Danach abgedeckt an einem warmen Ort etwa 1 Stunde gehen lassen.

+ Den Teig kräftig durchkneten, zu einem runden Laib formen und in einer bemehlten Schüssel oder einem bemehlten Gärkörbchen abgedeckt weitere 45 Minuten gehen lassen. Den Backofen auf 220 °C vorheizen, dabei eine ofenfeste Schale mit heißem Wasser auf den Ofenboden stellen. Ein Backblech mit Backpapier belegen.

+ Das Brot aus Schüssel oder Gärkörbchen auf das Blech stürzen, mit Wasser bestreichen und im Ofen auf der 2. Schiene von unten etwa 15 Minuten backen. Danach die Ofentemperatur auf 200 °C reduzieren und das Brot 50 bis 60 Minuten fertig backen. Wenn sich das Brot beim Klopfen auf die Unterseite hohl anhört, ist es fertig. Ansonsten weitere 5 bis 10 Minuten backen. Das Brot aus dem Ofen nehmen und auf einem Kuchengitter vollständig auskühlen lassen.

Variante: Für Sauerteigbrötchen den Teig wie beschrieben zubereiten und gehen lassen. In 14 Stücke teilen, zu Brötchen formen, auf das Blech legen und kreuzweise einschneiden. Abgedeckt an einem warmen Ort 2 Stunden gehen lassen. Im auf 220 °C vorgeheizten Ofen auf der 2. Schiene von unten erst 15 Minuten, dann bei 200 °C 10 bis 12 Minuten backen. Herausnehmen und abkühlen lassen.

Dinkel-Skyr-Brötchen

Für 8 Stück
Zubereitung: 35 Minuten
Gehzeit: 13 Stunden
(über Nacht)

250 g Dinkelvollkornmehl
150 g Dinkelmehl (Type 630)
10 g Flohsamenschalen
1 TL Salz
5 g frische Hefe
200 g Skyr (0,2 % Fett)
2 EL Rapsöl
Mehl zum Arbeiten
½ l heißes Wasser

Pro Stück (ca. 85 g):
ca. 220 kcal, 9 g EW, 4 g F,
35 g KH, 4 g BST

+ Am Vortag beide Mehlsorten, Flohsamen und Salz in einer Rührschüssel mischen. Dann Hefe, Skyr und 125 ml kaltes Wasser so lange verrühren, bis sich die Hefe vollständig aufgelöst hat. Den Hefe-Skyr-Mix zur Mehlmischung geben, das Öl hinzufügen und alles mit den Knethaken des Handrührgeräts oder in der Küchenmaschine etwa 5 Minuten verkneten. Den Teig in eine Frischhaltebox geben und bei Zimmertemperatur luftdicht verschlossen etwa 12 Stunden, am besten über Nacht, gehen lassen.

+ Am nächsten Tag ein Backblech mit Backpapier belegen. Den Teig auf der leicht bemehlten Arbeitsfläche in 8 Stücke teilen. Jedes Teigstück mit bemehlten Händen zu einem Brötchen formen und auf das Blech setzen, danach abgedeckt etwa 1 Stunde gehen lassen. Den Backofen auf 220 °C vorheizen, dabei ein tiefes Backblech in die unterste Schiene schieben und mit ½ l heißem Wasser füllen.

+ Die Teiglinge mit einem Sägemesser sternförmig einschneiden und im Ofen auf der 2. Schiene von unten etwa 10 Minuten backen. Dann das mit Wasser gefüllte Blech herausnehmen und die Brötchen weitere 10 Minuten backen.

+ Anschließend die Backofentür öffnen und den Dampf abziehen lassen, zuletzt die Brötchen noch etwa 3 Minuten knusprig backen. Aus dem Ofen nehmen und auf einem Kuchengitter abkühlen lassen.

Die Ernährungs-Docs

Um lange geistig und körperlich arbeiten zu können, ist eine gleichbleibend hohe Energieversorgung wichtig. Sie wird durch langkettige Kohlenhydrate, die etwa in einem Vollkornbrötchen stecken, gesichert. Der Körper zerlegt diese komplexen Kohlenhydrate erst nach und nach in einzelne Bausteine (Glukose), die so über einen längeren Zeitraum kontinuierlich ins Gehirn gelangen.

Gemüse-Omelett mit Käse

Für 2 Personen
Zubereitung: 20 Minuten

5 Eier (Größe M)
3 EL Sahne
Salz, Pfeffer aus der Mühle
1 kleine rote Paprikaschote
80 g Zuckerschoten
2 Frühlingszwiebeln
1 EL Olivenöl
2 TL Butter
50 g geraspelter Bergkäse
(z. B. Gruyère; am Stück)
2 EL Schnittlauchröllchen
¼ TL edelsüßes Paprikapulver

Pro Portion: ca. 500 kcal,
28 g EW, 37 g F, 11 g KH, 4 g BST

+ Eier und Sahne mit Salz und Pfeffer in einer Rührschüssel kräftig mit einer Gabel verquirlen. Die Paprika halbieren, putzen, waschen und klein würfeln. Die Zuckerschoten putzen, waschen und schräg in feine Streifen schneiden. Die Frühlingszwiebeln putzen, waschen und in dünne Ringe schneiden.

+ In einer beschichteten Pfanne (ca. 26 cm Durchmesser) Öl und Butter erhitzen und Paprika und Zuckerschoten darin bei mittlerer Hitze etwa 1 Minute andünsten. Frühlingszwiebeln hinzufügen und etwa 1 Minute mitdünsten. Eier-Mix über das Gemüse geben und bei mittlerer Hitze leicht stocken lassen. Dabei mit einem Pfannenwender die Eimasse zweimal von außen zur Mitte schieben, dann das Omelett bei schwacher bis mittlerer Hitze 2 bis 3 Minuten stocken lassen.

+ Das Omelett mit Käse bestreuen und den Käse schmelzen lassen. Das Omelett zur Hälfte überklappen und noch 1 bis 2 Minuten fertig garen. Zum Servieren das Omelett halbieren und auf Tellern anrichten, mit Schnittlauch bestreuen und mit Paprikapulver bestäuben. Dazu passt pro Person jeweils 1 Scheibe Vollkornbrot (ca. 60 g).

Avocado-Caprese

+ Die Pinienkerne in einer Pfanne ohne Fett bei mittlerer Hitze hell rösten, vom Herd nehmen und abkühlen lassen. Die Avocado halbieren und den Kern entfernen, das Fruchtfleisch mit einem Löffel aus den Schalen lösen und quer in Scheiben schneiden. Die Tomaten waschen und quer in Scheiben schneiden, dabei die Stielansätze entfernen. Den Mozzarella abtropfen lassen. Das Basilikum waschen, trocken tupfen und die Blätter abzupfen.

+ Für die Vinaigrette beide Essigsorten, Salz und Pfeffer gut verrühren und das Öl nach und nach mit einem Schneebesen gleichmäßig unterschlagen. Die Avocado- und Tomatenscheiben leicht überlappend auf Tellern auslegen. Den Mozzarella grob in Stücke zupfen und mit den Basilikumblättern darüber verteilen.

+ Zum Servieren die Vinaigrette über den Salat träufeln, etwas Pfeffer grob darübermahlen und alles mit den Pinienkernen bestreuen.

Für 2 Personen
Zubereitung: 20 Minuten

1 EL Pinienkerne
1 große Avocado (ca. 220 g)
400 g kleine Strauchtomaten
125 g Büffel-Mozzarella (ersatzweise Kuhmilch-Mozzarella)
4 Stiele Basilikum
1 EL Rotweinessig
1 EL Aceto balsamico
Salz, Pfeffer aus der Mühle
4 EL Olivenöl

Pro Portion: ca. 530 kcal, 15 g EW, 46 g F, 11 g KH, 6 g BST

Spargelrührei mit Tomaten

Für 2 Personen
Zubereitung: 30 Minuten

400 g grüner Spargel
2 Schalotten
125 g Cocktailtomaten
5 Eier (Größe M)
5 EL Milch (1,5 % Fett)
½ TL abgeriebene Bio-Zitronenschale
Salz, Pfeffer aus der Mühle
1 EL Olivenöl
2 TL Butter
2 Stiele Basilikum
2 Scheiben Vollkornbrot (à ca. 60 g)

Pro Portion: ca. 485 kcal, 28 g EW, 25 g F, 33 g KH, 9 g BST

+ Den Spargel waschen, im unteren Drittel schälen und die holzigen Enden abschneiden. Die Stangen schräg in ½ bis 1 cm breite Scheiben schneiden. Die Schalotten schälen und fein würfeln. Die Tomaten waschen und halbieren. Die Eier mit Milch, Zitronenschale, Salz und Pfeffer in einer Rührschüssel verquirlen.

+ In einer großen beschichteten Pfanne Öl und Butter erhitzen und den Spargel darin bei mittlerer bis starker Hitze etwa 5 Minuten unter Rühren braten, mit Salz und Pfeffer würzen. Die Schalotten hinzufügen und kurz mitbraten. Die Eiermasse über den Spargel geben und bei schwacher bis mittlerer Hitze 3 bis 4 Minuten stocken lassen, dabei mit einem Pfannenwender immer wieder vom Rand zur Mitte schieben. Zuletzt die Tomaten hinzufügen und locker untermischen.

+ Das Basilikum waschen, trocken tupfen und die Blätter abzupfen. Zum Servieren das Rührei auf Tellern anrichten und mit Basilikum bestreuen. Je 1 Scheibe Vollkornbrot dazu reichen.

Die Ernährungs-Docs

Grüner Spargel ist eine gute Quelle für Kämpferol, einen sekundären Pflanzenstoff aus der Gruppe der Flavonole. Diese bioaktiven Verbindungen haben antioxidative Eigenschaften und sollen Entzündungen und Zellschäden – auch im Gehirn – lindern bzw. vor ihnen schützen. Das hat eine Studie der Rush University in Chicago ergeben. Kämpferol ist auch in Grünkohl, Bohnen, Spinat und Brokkoli enthalten.

HAUPTGERICHTE

Mittags oder abends, daheim oder unterwegs – wenn Ihre Energiespeicher ein „Refill" benötigen, kommt hier das Richtige für Sie! Bei Kichererbsen-Spinat-Salat oder Zander mit Kürbissticks sorgen langsam abbaubare Kohlenhydrate dafür, dass unsere grauen Zellen Energie tanken. Wertvolle Pflanzenstoffe verwöhnen Nerven und Gehirn. Knackiges Extra: Kurzrezepte mit Nüssen.

Minestrone mit Edamame

Für 2 Personen
Zubereitung: 45 Minuten

200 g tiefgekühlte Edamamekerne (grüne, unreife Sojabohnen)
½ Bund Basilikum
1 Knoblauchzehe
1 EL Zitronensaft
1 EL dunkles Mandelmus
5 EL Olivenöl
Salz, Pfeffer aus der Mühle
1 große Möhre
150 g Staudensellerie
150 g grüne Bohnen
1 Zwiebel
2 TL Tomatenmark
1¼ l vegane Gemüsebrühe
2 TL getr. ital. Kräuter
250 g Brokkoli
150 g Zucchini
100 g kleine Strauchtomaten

Pro Portion: ca. 670 kcal,
22 g EW, 48 g F, 30 g KH, 17 g BST

+ In einem Topf 100 g Edamame in kochendem Wasser 1 bis 2 Minuten blanchieren, in ein Sieb abgießen, kalt abschrecken und abtropfen lassen. Währenddessen das Basilikum waschen, trocken tupfen, die Blätter abzupfen und einige zum Garnieren beiseitelegen. Knoblauch schälen und grob würfeln. Blanchierte Edamame, übriges Basilikum, Knoblauch, Zitronensaft, Mandelmus, 3 EL Wasser und 4 EL Öl im Blitzhacker fein pürieren, zuletzt die Paste salzen und pfeffern.

+ Möhre und Sellerie putzen, waschen und klein würfeln. Die Bohnen putzen, waschen und quer halbieren. Die Zwiebel schälen, halbieren und in feine Streifen schneiden. Das Gemüse in einem großen Topf im übrigen Öl bei mittlerer Hitze 2 bis 3 Minuten andünsten und Tomatenmark, Brühe und Kräuter hinzufügen. Alles einmal aufkochen, dann mit geschlossenem Deckel bei schwacher Hitze etwa 20 Minuten köcheln lassen.

+ Inzwischen den Brokkoli putzen, waschen und in Röschen teilen, Strunk schälen und würfeln. Zucchini putzen, waschen und klein würfeln. Tomaten waschen und vierteln. Alles mit den übrigen Edamame nach etwa 10 Minuten Garzeit in den Topf geben und noch weitere 10 Minuten mitgaren. Die Minestrone mit Salz und Pfeffer würzen, in tiefen Tellern oder Schalen anrichten und mit der Edamame-Paste und dem beiseitegelegten Basilikum garnieren.

Die Ernährungs-Docs

Edamame, unreif geerntete Sojabohnen, sind eine Top-Eiweißquelle: In 100 Gramm stecken „satte“ 11 Gramm Protein. Damit ist das Gehirn mit allen neun lebensnotwendigen Aminosäuren versorgt, die es fürs Lernen und Erinnern benötigt. Neben reichlich B-Vitaminen (vor allem B1, B2, B6) sowie Magnesium, Eisen und Zink liefern die in Japan beliebten Snack-Bohnen auch eine gute Portion pflanzliche Omega-3-Fettsäuren, die entzündungshemmend wirken.

Orientalischer Blumenkohleintopf

Für 2 Personen
Zubereitung: 45 Minuten

250 g Blumenkohl (ohne grüne Blätter gewogen)
1 Zwiebel
1 Knoblauchzehe
1 dünne Stange Lauch
½ Bio-Zitrone
¼ Bund Petersilie
4 EL Olivenöl
100 g Berglinsen
2–3 TL Harissa-Paste
600 ml Gemüsebrühe
½ Zimtstange
50 g Halloumi (Grillkäse)
4 Scheiben Walnuss-Hafer-Baguette (à ca. 30 g; siehe Seite 74; ersatzweise Vollkornbaguette)
Salz, Pfeffer aus der Mühle

Pro Portion: ca. 760 kcal, 30 g EW, 41 g F, 58 g KH, 19 g BST

+ Blumenkohl putzen, waschen und in Röschen teilen. Zwiebel und Knoblauch schälen und fein würfeln. Lauch putzen, waschen, längs halbieren und schräg in 1 cm breite Scheiben schneiden. Zitrone heiß waschen, abtrocknen, Schale fein abreiben und den Saft auspressen. Petersilie waschen, trocken tupfen, Blätter abzupfen und fein hacken.

+ Blumenkohl, Zwiebel und Knoblauch in einem Topf in 2 EL Öl bei mittlerer Hitze 2 bis 3 Minuten andünsten. Linsen in einem Sieb abbrausen, dann mit der Harissa-Paste dazugeben und kurz mitdünsten. Brühe dazugießen und Zimtstange hinzufügen. Den Eintopf langsam aufkochen und offen bei mittlerer Hitze 20 bis 25 Minuten garen. Dabei etwa 10 Minuten vor Garzeitende den Lauch dazugeben.

+ Inzwischen Halloumi grob raspeln. Den Backofengrill einschalten, ein Backblech mit Backpapier belegen. Die Baguettescheiben nebeneinander auf das Blech legen, mit übrigem Öl beträufeln und mit dem Halloumi bestreuen. Die Brotscheiben unter dem Grill auf der mittleren Schiene etwa 3 Minuten gratinieren.

+ Zum Servieren den Eintopf mit Salz, Pfeffer und 2 bis 3 TL Zitronensaft abschmecken und auf tiefe Teller oder Schalen verteilen, die Zimtstange wieder entfernen. Den Eintopf mit Petersilie und Zitronenschale bestreuen und das Halloumi-Baguette dazu reichen.

Die Ernährungs-Docs

Linsen sind reich an Magnesium und damit echte Nervennahrung. Denn der Mineralstoff ist maßgeblich an unserem Gehirnstoffwechsel beteiligt und auch für die Regulierung der gehirnaktiven Hormone mitverantwortlich. Außerdem erweitert Magnesium die Mikrogefäße im Gehirn und verbessert so die Durchblutung.

Hafercrêpes mit Linsengemüse

Für 2 Personen
Zubereitung: 40 Minuten

50 g Beluga-Linsen
100 g zarte Haferflocken
1 Ei (Größe M)
125 ml ungesüßter Haferdrink
150 ml Mineralwasser (mit Kohlensäure)
Salz, Pfeffer aus der Mühle
2 dünne Stangen Lauch (ca. 400 g)
1 Möhre
1 kleine rote Zwiebel
3 EL Olivenöl
125 ml Gemüsebrühe
2 EL Crème fraîche
4 TL körniger Senf
2 EL Schnittlauchröllchen

Pro Portion: ca. 600 kcal, 21 g EW, 30 g F, 53 g KH, 14 g BST

+ Die Linsen in einem Sieb abbrausen und in einem Topf in kochendem Wasser ohne Salz (!) nach Packungsanweisung mit geschlossenem Deckel bei schwacher Hitze 25 bis 30 Minuten bissfest garen. Dann in ein Sieb abgießen und abtropfen lassen.

+ Inzwischen die Haferflocken im Blitzhacker zu Mehl fein mahlen und in einer Rührschüssel mit Ei, Haferdrink, Mineralwasser, ¼ TL Salz und Pfeffer mit einem Schneebesen verrühren. Den Crêpeteig abgedeckt etwa 20 Minuten quellen lassen.

+ Währenddessen den Lauch putzen, waschen und in etwa ½ cm dünne Scheiben schneiden. Die Möhre putzen, schälen und klein würfeln. Die Zwiebel schälen und fein würfeln. Das Gemüse in einer Pfanne in 2 EL Öl bei mittlerer Hitze 2 bis 3 Minuten anbraten. Die gegarten Linsen unterrühren und alles salzen und pfeffern. Zuletzt Brühe, Crème fraîche und Senf unterrühren und das Gemüse offen bei mittlerer Hitze noch 5 bis 7 Minuten köcheln lassen.

+ In einer beschichteten (Crêpe-)Pfanne (ca. 26 cm Durchmesser) ½ EL Öl erhitzen, die Hälfte des Teigs darin verteilen und bei mittlerer Hitze 3 bis 4 Minuten backen. Die Crêpe wenden und 3 bis 4 Minuten goldbraun backen. Herausnehmen und abgedeckt warm halten.

+ Aus dem übrigen Teig mit dem restlichen Öl eine zweite Crêpe backen. Zum Servieren die Crêpes auf Teller legen, mit Linsengemüse füllen und locker zusammenklappen, mit Schnittlauch bestreuen.

Linguine mit Chili-Tomaten-Pesto

Für 2 Personen
Zubereitung: 30 Minuten

3 Stiele Basilikum
50 g getr. Tomaten (in Öl)
1 Knoblauchzehe
½ rote Chilischote
25 g Kürbiskerne
50 ml Olivenöl
Salz, Pfeffer aus der Mühle
1–2 TL Zitronensaft
150 g Vollkorn-Linguine
300 g bunte Cocktailtomaten

Pro Portion: ca. 630 kcal, 17 g EW, 36 g F, 53 g KH, 13 g BST

+ Für das Pesto das Basilikum waschen, trocken tupfen und die Blätter abzupfen, ein Drittel zum Garnieren beiseitelegen. Getrocknete Tomaten abtropfen lassen und grob hacken. Knoblauch schälen und fein würfeln. Die Chilischote halbieren, putzen, waschen und klein würfeln. Das übrige Basilikum mit Trockentomaten, 20 g Kürbiskernen, Knoblauch, Chiliwürfeln und Öl im Blitzhacker sämig pürieren. Das Pesto mit Salz, Pfeffer und Zitronensaft abschmecken.

+ Die Nudeln in einem Topf in reichlich kochendem Salzwasser nach Packungsanweisung bissfest garen. Inzwischen die Cocktailtomaten waschen und je nach Größe halbieren oder vierteln.

+ Die Nudeln in ein Sieb abgießen und abtropfen lassen, dabei etwa 50 ml Nudelkochwasser auffangen. Die Nudeln zurück in den Topf geben, Cocktailtomaten, Nudelkochwasser und die Hälfte des Pestos locker untermischen. Zum Servieren die Pasta auf Tellern anrichten und das übrige Pesto darauf verteilen. Mit den restlichen Kürbiskernen und dem beiseitegelegten Basilikum garnieren.

Möhren-Pasta mit Spinat-Nuss-Pesto

+ Für das Pesto die Nüsse grob hacken, in einer Pfanne ohne Fett rösten, vom Herd nehmen und abkühlen lassen. Den Spinat verlesen, waschen und trocken schütteln, dabei grobe Stiele entfernen. 1 Handvoll Spinat zum Garnieren beiseitelegen, den Rest mit Nüssen, Salz, Pfeffer und 5 EL Öl im Blitzhacker fein pürieren. Parmesan untermixen.

+ Nudeln in kochendem Salzwasser nach Packungsanweisung bissfest garen. Möhren putzen, schälen, mit dem Spiralschneider in Streifen schneiden. Etwa 2 Minuten vor Garzeitende zu den Nudeln geben.

+ Die Pilze putzen, falls nötig, trocken abreiben, in dünne Scheiben schneiden und in einer Pfanne im übrigen Öl 2 bis 3 Minuten anbraten, salzen und pfeffern. Nudel-Mix in ein Sieb abgießen und abtropfen lassen, dabei 50 ml Nudelkochwasser auffangen. Nudel-Mix mit der Hälfte des Pestos und aufgefangenem Nudelkochwasser unter die Pilze mischen. Zum Servieren alles in Tellern anrichten und mit beiseitegelegtem Spinat garnieren. Das übrige Pesto dazu reichen.

Für 2 Personen
Zubereitung: 35 Minuten

30 g Walnusskerne
60 g junger Spinat
Salz, Pfeffer aus der Mühle
6 EL Olivenöl
30 g geriebener Parmesan
150 g Emmervollkorn-Spaghetti (ersatzweise Dinkel- oder Weizenvollkorn-Spaghetti)
2 große Möhren (ca. 200 g)
250 g braune Champignons

Pro Portion: ca. 760 kcal, 23 g EW, 47 g F, 57 g KH, 11 g BST

Gefüllte Zucchini mit Linsen-Risoni

Für 2 Personen
Zubereitung: 35 Minuten
Garen: 30 Minuten

80 g Rote-Linsen-Risoni (ersatzweise Rote-Linsen-Spirelli)
Salz
2 Zucchini (à ca. 275 g)
1 Zweig Rosmarin
2 Zweige Thymian
6 EL Olivenöl
1 EL Tomatenmark
2 EL Aceto balsamico
150 g Feta (Schafskäse; 45 % Fett i. Tr.)
Pfeffer aus der Mühle
1 Knoblauchzehe
40 g Petersilienblätter
2 TL Zitronensaft

Pro Portion: ca. 700 kcal, 27 g EW, 50 g F, 34 g KH, 6 g BST

+ Die Linsen-Pasta in einem Topf in kochendem Salzwasser bei mittlerer Hitze 5 bis 6 Minuten bissfest garen, dabei ab und zu umrühren. Die Nudeln in ein Sieb abgießen und gut abtropfen lassen.

+ Inzwischen den Backofen auf 200 °C vorheizen. Ein Backblech mit Backpapier belegen. Die Zucchini putzen, waschen und längs halbieren, das Fruchtfleisch mit einem Löffel herauslösen und fein hacken. Rosmarin und Thymian waschen, trocken tupfen, die Nadeln bzw. Blätter abzupfen und fein hacken.

+ In einer Pfanne 2 EL Öl erhitzen und Zucchinifleisch und Tomatenmark darin bei mittlerer Hitze etwa 2 Minuten anbraten. Die Kräuter und den Essig dazugeben, die Pfanne vom Herd nehmen. Den Feta zerbröseln und die Hälfte davon mit dem Zucchini-Mix und den Linsen-Risoni mischen, mit Salz und Pfeffer würzen.

+ Die Zucchinihälften nebeneinander auf das Blech legen, mit der Zucchini-Nudel-Mischung füllen und mit dem übrigen Feta bestreuen. Im Ofen auf der 2. Schiene von unten 25 bis 30 Minuten garen.

+ Inzwischen den Knoblauch schälen und grob würfeln, die Petersilienblätter waschen und trocken tupfen. Beides mit dem übrigen Öl (4 EL) und 3 EL Wasser im Blitzhacker fein pürieren. Das Petersilienöl mit Salz, Pfeffer und Zitronensaft abschmecken.

+ Zum Servieren die gefüllten Zucchini aus dem Ofen nehmen, auf Tellern anrichten und großzügig mit dem Petersilienöl beträufeln.

Blumenkohlpizza mit Rucola

Für 2 Personen
Zubereitung: 40 Minuten
Backen: 35 Minuten

250 g Blumenkohl
200 g Knollensellerie
125 g Emmentaler
(45 % Fett i. Tr.; am Stück)
2 Eier (Größe M)
Salz, Pfeffer aus der Mühle
1 Schalotte
1 Knoblauchzehe
1 EL Olivenöl
1 TL Tomatenmark
200 g stückige Tomaten
(aus Glas oder Dose)
150 g bunte Cocktailtomaten
100 g kleine Champignons
125 g Mozzarella
1 Handvoll Rucola

Pro Portion: ca. 640 kcal,
44 g EW, 44 g F, 12 g KH, 11 g BST

+ Den Backofen auf 200 °C vorheizen. Ein Backblech mit Backpapier belegen. Den Blumenkohl putzen, waschen und in Röschen teilen. Den Sellerie putzen, schälen und in kleine Würfel schneiden. Dann Blumenkohl und Sellerie im Blitzhacker portionsweise fein zerkleinern. Den Käse reiben.

+ In einer Rührschüssel die Eier mit Salz und Pfeffer verquirlen, dann Gemüseraspel und Käse untermischen. Jeweils die Hälfte der Masse auf dem Backblech leicht versetzt zu einem runden Fladen (ca. 20 cm Durchmesser) ausstreichen und im Ofen auf der mittleren Schiene etwa 15 Minuten goldbraun backen. Herausnehmen und auf einem Kuchengitter abstellen, den Backofen nicht ausschalten.

+ Inzwischen Schalotte und Knoblauch schälen, fein würfeln und in einem Topf im Öl andünsten. Das Tomatenmark dazugeben und kurz mitdünsten. Die Tomatenstücke dazugeben, alles mit Salz und Pfeffer würzen und offen bei mittlerer Hitze noch etwa 10 Minuten garen, dabei ab und zu umrühren.

+ Cocktailtomaten waschen und halbieren. Pilze putzen, falls nötig, trocken abreiben und in dünne Scheiben schneiden. Den Mozzarella abtropfen lassen und in Scheiben schneiden.

+ Die Gemüsepizzaböden erst mit der Tomatensauce bestreichen, dann mit Tomaten, Pilzen und Mozzarella belegen und im Ofen bei gleicher Einstellung 10 bis 15 Minuten fertig backen.

+ Währenddessen den Rucola verlesen, waschen und trocken schütteln, dabei grobe Stiele entfernen. Die Pizzen aus dem Ofen nehmen, auf Tellern anrichten, pfeffern und mit Rucola bestreut servieren.

SALT
SHAKES

Knack die Nuss!

Ob im Pesto, im cremigen Mus oder pikant geröstet zum Knabbern: Nüsse sind exzellentes Brain Food. Mit sättigendem Eiweiß und hochwertigen Fettsäuren sorgen sie für eine hohe mentale Leistungsfähigkeit und helfen, den Tag fit und konzentriert zu meistern.

Geröstete Gewürznüsse

Für 300 g (ca. 10 Portionen): Den Backofen auf 180 °C vorheizen. Ein Backblech mit Backpapier belegen. In einer Schüssel **1 Eiweiß** (Größe M) verquirlen und **300 g gemischte Nusskerne** (z. B. Mandeln, Walnuss-, Cashew-, Pekannusskerne) untermischen. Mit **je 1 TL Salz und edelsüßem Paprikapulver** sowie **je ½ TL Chiliflocken, gemahlenem Kreuzkümmel und Koriander** würzen. Den Nuss-Mix auf dem Blech verteilen und im Ofen auf der 2. Schiene von unten etwa 10 Minuten rösten. Herausnehmen und abkühlen lassen. In einem Glas kühl und trocken aufbewahren. Die Gewürznüsse halten sich 4 bis 6 Wochen. Zum Knabbern oder gehackt als Topping für Suppen und Salate.

Zubereitung: 10 Minuten, Backen: 10 Minuten
Pro Portion (à ca. 30 g): ca. 200 kcal,
6 g EW, 18 g F, 3 g KH, 2 g BST

Die Ernährungs-Docs

Nüsse, Saaten und Kerne sind dank ihrer ungesättigten Fettsäuren und B-Vitamine bestes Futter für unsere grauen Zellen. Die Gruppe der B-Vitamine ist im Gehirn besonders wichtig, denn sie steuert die Signalübermittlung zwischen den einzelnen Nervenzellen. Weil Nüsse und Co. zudem lange sättigen, helfen sie uns, auch körperlich in Form zu bleiben. 1 Handvoll Nüsse kann Heißhungerattacken zuverlässig eindämmen.

Haselnuss-Bärlauch-Pesto

Für 1 Glas (ca. ¼ l Inhalt, 10 Portionen): **75 g Haselnusskerne** in einer Pfanne ohne Fett bei mittlerer Hitze 5 bis 7 Minuten hell rösten. Herausnehmen und kurz abkühlen lassen. Dann die Nüsse in einem sauberen Geschirrtuch so lange aneinanderreiben, bis sich die Haut löst. Die Nüsse vollständig abkühlen lassen und grob hacken. Währenddessen **75 g Bärlauch** waschen, trocken tupfen und grob hacken. Mit Nüssen und **125 ml Olivenöl** im Blitzhacker zu cremigem Pesto pürieren. **20 g geriebenen Parmesan** unterrühren und das Pesto mit **1 bis 2 TL Zitronensaft, Salz** und **Pfeffer** abschmecken. In ein sauberes Schraubglas füllen und verschließen. Das Pesto hält sich im Kühlschrank 3 bis 4 Wochen. Schmeckt zu Pasta, kurzgebratenem Fleisch sowie in Gemüsesuppe oder -eintopf.

Zubereitung: 20 Minuten
Pro Portion (à ca. 25 g): ca. 170 kcal,
2 g EW, 18 g F, 1 g KH, 1 g BST

Dunkles Mandelmus

Für 1 Glas (ca. 300 ml Inhalt, ca. 12 Portionen): Den Backofen auf 180 °C vorheizen. **300 g Mandeln** auf einem Backblech verteilen und im Ofen auf der mittleren Schiene 8 bis 10 Minuten rösten. Herausnehmen und vollständig abkühlen lassen. Dann im Standmixer mehrmals wenige Sekunden mahlen, dabei die Masse immer wieder mit einem Teigschaber am Rand nach unten schieben. **2 EL Walnussöl** kurz untermixen. Das Mandelmus in ein sauberes Schraubglas füllen, verschließen und kühl aufbewahren. Es hält sich 1 bis 2 Monate. Perfekt für Saucen, Dips und Dressings und lecker als Brotaufstrich.

Zubereitung: 25 Minuten
Pro Portion (à ca. 25 g): ca. 170 kcal,
6 g EW, 15 g F, 1 g KH, 3 g BST

Mangoldpäckchen mit Grünkern

Für 2 Personen
Zubereitung: 1 Stunde

6 große Mangoldblätter (600–700 g)
Salz
1 kleine Möhre
3 EL Olivenöl
100 g geschroteter Grünkern
150 ml Gemüsebrühe
½ Bund Petersilie
1 Ei (Größe M)
Pfeffer aus der Mühle
1 kleine Zwiebel
1 Knoblauchzehe
1 TL Tomatenmark
1 Dose stückige Tomaten (400 g)
½ TL getr. Oregano

Pro Portion: ca. 460 kcal, 16 g EW, 22 g F, 41 g KH, 14 g BST

+ Den Mangold putzen und waschen, die harten Stiele von den Blättern schneiden und beiseitelegen, die Blätter in kochendem Salzwasser etwa 30 Sekunden blanchieren. In ein Sieb abgießen, kalt abschrecken und abtropfen lassen. Dann nebeneinander auf einem sauberen Geschirrtuch auslegen, trocken tupfen und die dicken Mittelrippen flach schneiden.

+ Möhre putzen und schälen, 2 Mangoldstiele (ca. 100 g; den Rest anderweitig verwenden) waschen und mit der Möhre klein würfeln. Beides in einem Topf in 1 EL Öl bei mittlerer Hitze 2 bis 3 Minuten unter Rühren andünsten. Grünkernschrot dazugeben und kurz mitdünsten. Die Brühe dazugießen und den Grünkern mit geschlossenem Deckel bei schwacher Hitze etwa 10 Minuten garen.

+ Inzwischen die Petersilie waschen, trocken tupfen, die Blätter abzupfen und fein hacken, 2 EL Petersilie zum Garnieren beiseitelegen. Den Schrotbrei vom Herd nehmen, Ei und übrige Petersilie untermischen, alles salzen und pfeffern. Die Füllung mittig auf den Mangoldblättern verteilen, erst jedes Blatt seitlich über der Füllung einschlagen, dann zu aufrollen, nach Belieben mit Küchengarn fixieren.

+ Zwiebel und Knoblauch schälen, fein würfeln und in einem breiten Topf im übrigen Öl bei mittlerer Hitze andünsten. Tomatenmark dazugeben und kurz mitdünsten. Die stückigen Tomaten hinzufügen und alles mit Salz, Pfeffer und Oregano würzen. Die Sauce aufkochen und erst offen etwa 5 Minuten köcheln lassen. Anschließend die Mangoldpäckchen in die Sauce setzen und mit geschlossenem Deckel bei schwacher Hitze noch etwa 10 Minuten garen.

+ Zum Servieren je 3 Mangoldpäckchen mit der Sauce auf Tellern anrichten und mit der beiseitegelegten Petersilie garnieren.

Rote Reis-Buddha-Bowl

Für 2 Personen
Zubereitung: 45 Minuten

100 g roter Camargue-Reis
Salz
1 EL Weißweinessig
1 EL Walnussöl
1 EL Olivenöl
Pfeffer aus der Mühle
200 g Zuckerschoten
150 g Möhren
1 ½ EL Zitronensaft
150 g Rote Bete (vorgegart und vakuumiert)
1 kleine Dose Kichererbsen (ca. 65 g Abtropfgewicht)
150 g Joghurt (3,5 % Fett)
50 g Tahin (dunkle Sesampaste)
2 EL gehacktes Koriandergrün
2 TL ungeschälte Sesamsamen

Pro Portion: ca. 600 kcal, 18 g EW, 26 g F, 67 g KH, 13 g BST

+ Den Reis in einem Sieb abbrausen und in 300 ml kochendem Salzwasser mit geschlossenem Deckel bei schwacher Hitze etwa 30 Minuten garen, bis die Schale leicht aufplatzt. In ein Sieb abgießen und abtropfen lassen, dann mit Essig, Walnuss- und Olivenöl mischen, salzen und pfeffern und warm halten.

+ Inzwischen Zuckerschoten putzen, waschen und größere Exemplare schräg halbieren. In einem Topf in kochendem Salzwasser 1 bis 2 Minuten blanchieren, in ein Sieb abgießen, kalt abschrecken und abtropfen lassen. Möhren putzen, schälen und mit dem Spiralschneider in Streifen schneiden, mit 1 EL Zitronensaft beträufeln, salzen und pfeffern. Rote Bete etwa 1 cm groß würfeln (Achtung, sie färbt stark ab!). Kichererbsen in einem Sieb abbrausen und abtropfen lassen.

+ Joghurt, Tahin und 3 EL Wasser glatt verrühren, mit Salz, Pfeffer und übrigem Zitronensaft würzen. Zum Servieren den Reis auf Schalen (Bowls) verteilen, Zuckerschoten, Möhren, Rote Bete und Kichererbsen nebeneinander darauf anrichten. Mit der Joghurt-Tahin-Sauce beträufeln und mit Koriander und Sesam bestreuen.

Auberginen-Spinat-Curry

+ In einem Topf 1 EL Öl erhitzen und Kreuzkümmel und Kurkuma darin kurz rösten. Reis, 300 ml Wasser mit ½ TL Salz dazugeben, alles aufkochen und offen bei schwacher Hitze 12 bis 15 Minuten garen.

+ Inzwischen die Aubergine putzen, waschen und etwa 1 cm groß würfeln. Zwiebel schälen und fein würfeln. Kichererbsen in einem Sieb abbrausen und abtropfen lassen. In einer Pfanne 2 EL Öl erhitzen und die Aubergine darin bei mittlerer bis starker Hitze unter Wenden etwa 5 Minuten anbraten, salzen und pfeffern. Die Zwiebel mit dem übrigen Öl dazugeben und andünsten. Die Currypaste einrühren und kurz mitdünsten. Tomatenstücke, Kichererbsen und 100 ml Wasser hinzufügen. Alles mit geschlossenem Deckel aufkochen und anschließend bei schwacher Hitze etwa 5 Minuten garen.

+ Währenddessen den Spinat verlesen, waschen und abtropfen lassen. Zuletzt unter das Curry rühren und mit geschlossenem Deckel noch 1 bis 2 Minuten köcheln lassen. Zum Servieren das Curry mit Salz abschmecken, mit dem gelben Reis und dem Joghurt auf tiefen Tellern anrichten.

Für 2 Personen
Zubereitung: 35 Minuten

4 EL Olivenöl
¼ TL gemahlener Kreuzkümmel
1 TL gemahlene Kurkuma
100 g Vollkorn-Basmatireis
Salz
1 Aubergine (ca. 400 g)
1 rote Zwiebel
120 g Kichererbsen (aus Glas oder Dose)
Pfeffer aus der Mühle
1 EL gelbe indische Currypaste
1 Dose stückige Tomaten (ca. 400 g)
200 g junger Spinat
100 g griech. Joghurt (10 % Fett)

Pro Portion: ca. 490 kcal, 14 g EW, 28 g F, 37 g KH, 10 g BST

Winter-Ofengemüse mit Zitronen-Quark-Dip

Für 2 Personen
Zubereitung: 30 Minuten
Garen: 30 Minuten

300 g Rosenkohl
300 g Blumenkohl
250 g Hokkaido-Kürbis
2 kleine rote Zwiebeln
4 EL Olivenöl
1 TL edelsüßes Paprikapulver
½ TL gemahlener Koriander
1 TL getr. Rosmarin
1 TL getr. Oregano
Salz, Pfeffer aus der Mühle
½ Bio-Zitrone
250 g Magerquark
4 EL Sahne
6 Stiele Petersilie

Pro Portion: ca. 520 kcal, 25 g EW, 33 g F, 22 g KH, 12 g BST

+ Den Rosenkohl putzen und die äußeren Blätter entfernen. Dann den Rosenkohl waschen und den Strunk jeweils kreuzweise einschneiden, größere Köpfe halbieren. Den Blumenkohl putzen, waschen und in Röschen teilen. Den Kürbis waschen, entkernen und in etwa 2 cm große Würfel schneiden. Zwiebeln schälen und in Spalten schneiden.

+ Den Backofen auf 200 °C vorheizen. Ein Backblech mit Backpapier belegen. In einer großen Schüssel Öl, Paprikapulver, Koriander, Rosmarin, Oregano, Salz und Pfeffer verrühren. Das Gemüse mit dem Würzöl gut mischen, auf dem Blech verteilen und im Ofen auf der mittleren Schiene 25 bis 30 Minuten garen, bis es bissfest und leicht gebräunt ist. Dabei mehrmals wenden.

+ Inzwischen für den Dip die Zitrone heiß waschen, abtrocknen, 1 TL Schale fein abreiben und 1 EL Saft auspressen. Zitronenschale und -saft mit Quark, Sahne, Salz und Pfeffer verrühren.

+ Zum Servieren die Petersilie waschen, trocken tupfen, die Blätter abzupfen und fein hacken. Das Gemüse aus dem Ofen nehmen und mit dem Zitronenquark auf Tellern anrichten, mit Petersilie garnieren.

Die Ernährungs-Docs

Was seinen Anteil an antioxidativen Inhaltsstoffen betrifft, hat der kleine Rosenkohl nicht weniger als seine großen Kohlverwandten zu bieten. Der sekundäre Pflanzenstoff Sulforaphan wehrt die Angriffe freier Radikale auf die Zellen ab. Es wird vermutet, dass der Stoff nicht nur das Risiko mindert, an bestimmten Krebsarten zu erkranken, sondern auch hilft, Alzheimer-Demenz vorzubeugen.

Matjessalat auf Gemüse-Rösti

Für 2 Personen
Zubereitung: 1 Stunde

200 g Salatgurke
1 Frühlingszwiebel
1 kleiner säuerlicher Apfel (z. B. Elstar)
4 Radieschen
3 Matjesfilets (ca. 150 g)
½ Bund Schnittlauch
2 EL saure Sahne
2 EL Apfelessig
Salz, Pfeffer aus der Mühle
400 g vorwiegend festkochende Kartoffeln
1 Möhre
1 rote Spitzpaprikaschote
1 Ei (Größe M)
frisch geriebene Muskatnuss
4 EL Olivenöl

Pro Portion: ca. 700 kcal, 22 g EW, 44 g F, 48 g KH, 7 g BST

+ Die Gurke putzen, waschen, längs halbieren und in etwa ½ cm dünne Scheiben schneiden. Die Frühlingszwiebel putzen, waschen und in dünne Ringe schneiden. Den Apfel waschen, vierteln, entkernen und klein würfeln. Die Radieschen putzen, waschen und in dünne Scheiben schneiden.

+ Die Matjesfilets trocken tupfen und quer in Streifen schneiden. Den Schnittlauch waschen, trocken tupfen und in feine Röllchen schneiden. Die Hälfte des Schnittlauchs mit saurer Sahne, Essig, Salz und Pfeffer verrühren und Gurke, Frühlingszwiebel, Apfel, Radieschen und Matjes locker untermischen.

+ Für die Rösti die Kartoffeln und die Möhre putzen, schälen und auf der Gemüsereibe grob raspeln. Die Paprika halbieren, putzen, waschen und klein würfeln. Das Gemüse in einer Schüssel mischen, das Ei verquirlen und unter das Gemüse mengen. Zuletzt die Röstimasse mit Salz, Pfeffer und Muskatnuss würzen.

+ Den Backofen auf 80 °C vorheizen. In einer beschichteten Pfanne (ca. 20 cm Durchmesser) 2 EL Öl erhitzen, die Hälfte der Röstimasse darin zu einem kompakten Fladen formen und bei mittlerer bis starker Hitze auf jeder Seite 4 bis 5 Minuten braten. Dabei die Rösti nach etwa 4 Minuten Garzeit mithilfe eines Tellers wenden. Anschließend die fertige Rösti herausnehmen und im Ofen warm halten.

+ Aus der restlichen Röstimasse im übrigen Öl eine zweite Rösti braten. Zum Servieren die Rösti auf Teller setzen und den Matjessalat darauf anrichten, mit dem übrigen Schnittlauch bestreuen.

Zander auf Rahmkohl mit Kürbissticks

Für 2 Personen
Zubereitung: 35 Minuten
Garen: 20 Minuten

500 g Hokkaido-Kürbis
4 EL Olivenöl
Salz
1 kleine Zwiebel
1 Knoblauchzehe
400 g junger Weißkohl
1 TL körniger Senf
150 ml Gemüsebrühe
100 g Sahne
2 TL Zitronensaft
Pfeffer aus der Mühle
6 Zweige Thymian
400 g Zanderfilet (mit Haut)
2 TL Butter

Pro Portion: ca. 660 kcal, 40 g EW, 43 g F, 21 g KH, 10 g BST

+ Den Backofen auf 200 °C vorheizen. Ein Backblech mit Backpapier belegen. Den Kürbis waschen, entkernen und in etwa 1 cm dicke Stäbchen schneiden. Mit 2 EL Öl und etwas Salz in einer Schüssel mischen und auf dem Blech verteilen. Die Kürbissticks im Ofen auf der 2. Schiene von unten etwa 20 Minuten backen, dabei einmal wenden. Dann herausnehmen und warm halten.

+ Inzwischen Zwiebel und Knoblauch schälen und in feine Würfel schneiden. Vom Kohl die äußeren Blätter entfernen, den Kohl halbieren und den harten Strunk entfernen. Dann die Kohlblätter in etwa 2 cm breite Streifen schneiden.

+ In einem breiten Topf 1 EL Öl erhitzen und Zwiebel und Knoblauch darin bei mittlerer Hitze andünsten. Den Kohl dazugeben und etwa 3 Minuten mitdünsten. Senf und Brühe hinzufügen und alles mit geschlossenem Deckel bei mittlerer Hitze 10 bis 12 Minuten garen, dabei ab und zu umrühren. Kurz vor Garzeitende Sahne, Zitronensaft, Salz und Pfeffer unterrühren, den Kohl warm halten.

+ Inzwischen den Thymian waschen und trocken tupfen. Den Fisch waschen, trocken tupfen und in 4 Stücke schneiden. Das übrige Öl in einer beschichteten Pfanne erhitzen und die Zanderstücke mit 4 Thymianzweigen darin auf der Hautseite bei mittlerer bis starker Hitze 4 bis 5 Minuten braten. Die Fischstücke wenden, die Hitze reduzieren und die Butter hinzufügen. Den Fisch auf der anderen Seite noch etwa 2 Minuten braten, salzen und pfeffern.

+ Zum Servieren den Fisch mit Kohlgemüse und Kürbissticks auf Tellern anrichten und mit dem übrigen Thymian garnieren.

Meeresfrüchtetopf mit Fenchel

Für 2 Personen
Zubereitung: 40 Minuten

125 g Calamari (küchenfertig)
125 g rohe Riesengarnelen (ohne Kopf; geschält)
200 g weißes Fischfilet (z. B. Heilbutt oder Kabeljau)
150 g frische Miesmuscheln
1 Fenchel (mit Grün; ca. 250 g)
1 dünne Stange Lauch (ca. 150 g)
100 g Cocktailtomaten
2 Knoblauchzehen
2 EL Olivenöl
Salz, Pfeffer aus der Mühle
600 ml Gemüsebrühe
1 Döschen Safranfäden (ca. 0,1 g)
1 Handvoll Kerbelblätter
2 EL Crème fraîche

Pro Portion: ca. 480 kcal, 49 g EW, 25 g F, 13 g KH, 5 g BST

+ Calamari, Garnelen und Fisch waschen und trocken tupfen, Calamari in Ringe, Fisch in kleine Stücke schneiden. Muscheln unter fließendem Wasser gründlich abbürsten, geöffnete aussortieren. Fenchel putzen, waschen und halbieren, Grün beiseitelegen. Harten Strunk entfernen, Fenchel in etwa ½ cm dünne Streifen schneiden. Lauch putzen, waschen und in Streifen schneiden. Tomaten waschen.

+ Knoblauch schälen und in feine Scheiben schneiden. Mit Fenchel und Lauch in einem Topf im Öl bei mittlerer Hitze 2 bis 3 Minuten braten, salzen und pfeffern. Brühe dazugießen, alles aufkochen und Safran einrühren. Eintopf mit halb geöffnetem Deckel bei mittlerer Hitze etwa 10 Minuten garen. Meeresfrüchte, Fisch und Tomaten hinzufügen, alles mit geschlossenem Deckel bei schwacher bis mittlerer Hitze etwa 5 Minuten garen. Kerbel waschen, trocken tupfen und mit dem Fenchelgrün grob hacken. Den Eintopf mit Salz und Pefffer würzen (noch geschlossene Muscheln entfernen!), die Hälfte der Kräuter und die Crème fraîche unterrühren. Mit den übrigen Kräutern auf tiefen Tellern anrichten. Dazu passt Vollkornbaguette.

Kürbiseintopf mit Lachs

+ Den Kürbis waschen, entkernen und 1 bis 2 cm groß würfeln. Sellerie und Kartoffeln schälen und etwa 1 cm groß würfeln. Das Sauerkraut in einem Sieb abtropfen lassen.

+ Die Zwiebel schälen, fein würfeln und in einem breiten Topf im Öl bei mittlerer Hitze andünsten. Paprikapulver und Kümmel dazugeben und kurz andünsten. Brühe dazugießen und alles langsam aufkochen. Das Sauerkraut zerpflücken, mit Kürbis, Sellerie, Kartoffeln und Lorbeer in den Topf geben. Alles salzen und pfeffern und mit geschlossenem Deckel bei mittlerer Hitze etwa 15 Minuten köcheln lassen.

+ Inzwischen den Fisch waschen, trocken tupfen, salzen und pfeffern. Nach 15 Minuten Garzeit auf das Gemüse setzen und darin mit geschlossenem Deckel bei schwacher Hitze etwa 10 Minuten ziehen lassen. Alles mit Salz und Pfeffer abschmecken, in tiefen Tellern anrichten und mit je 1 EL saurer Sahne und Schnittlauch garnieren.

Für 2 Personen
Zubereitung: 50 Minuten

400 g Hokkaido-Kürbis
100 g Knollensellerie
300 g festkochende Kartoffeln
250 g frisches Sauerkraut (nicht erhitzt; aus dem Kühlregal)
1 Zwiebel
1 EL Rapsöl
½ TL rosenscharfes Paprikapulver
½ TL ganzer Kümmel
300 ml Gemüsebrühe
1 Lorbeerblatt
Salz, Pfeffer aus der Mühle
2 Lachsfilets (à ca. 160 g)
2 EL saure Sahne
2 EL Schnittlauchröllchen

Pro Portion: ca. 600 kcal, 40 g EW, 30 g F, 35 g KH, 10 g BST

Harissa-Lachs mit Salsa und Knusperkartoffeln

Für 2 Personen
Zubereitung: 40 Minuten
Marinieren: 30 Minuten
Backen: 20 Minuten

2 Lachsfilets (à ca. 150 g)
1 EL Harissa-Paste
4 EL Olivenöl
½ TL gemahlener Kreuzkümmel
Salz, Pfeffer aus der Mühle
300 g festkochende Kartoffeln
1 grüne Paprikaschote
1 rote Zwiebel
1 Avocado
100 g Kidneybohnen
(aus Glas oder Dose)
½ Bund Koriandergrün
2 EL Limettensaft
1 TL Ahornsirup

Pro Portion: ca. 740 kcal,
37 g EW, 47 g F, 37 g KH, 8 g BST

+ Die Lachsfilets waschen und trocken tupfen. Die Harissa-Paste mit 1 EL Öl, Kreuzkümmel, Salz und Pfeffer verrühren. Die Lachsfilets auf einen Teller legen, mit der Harissa-Würzpaste bestreichen und etwa 30 Minuten marinieren.

+ Inzwischen den Backofen auf 200 °C vorheizen. Ein Backblech mit Backpapier belegen. Kartoffeln schälen, waschen und in dünne Scheiben schneiden. Die Kartoffelscheiben in kochendem Salzwasser etwa 5 Minuten garen, dann in ein Sieb abgießen und abtropfen lassen.

+ In einer Schüssel 2 EL Öl, Salz und Pfeffer mischen, die Kartoffeln darin gründlich wenden und auf dem Blech verteilen. Dann im Ofen auf der 2. Schiene von unten etwa 20 Minuten backen. Anschließend den Ofen ausschalten und die Kartoffeln darin nachziehen lassen.

+ Für die Salsa die Paprika halbieren, putzen, waschen und klein würfeln. Die Zwiebel schälen und fein würfeln. Die Avocado halbieren und den Kern entfernen, das Fruchtfleisch aus den Schalen lösen und in kleine Würfel schneiden. Die Bohnen in einem Sieb abbrausen und abtropfen lassen. Den Koriander waschen, trocken tupfen und die Blätter abzupfen. In einer Schüssel den Limettensaft mit dem Ahornsirup, Salz, Pfeffer und dem restlichen Öl verrühren und die vorbereiteten Salsa-Zutaten untermischen.

+ Eine Grillpfanne (oder beschichtete Pfanne) erhitzen, den Lachs darin erst bei mittlerer bis starker Hitze auf jeder Seite etwa 3 Minuten braten. Danach mit geschlossenem Deckel noch etwa 5 Minuten durchziehen lassen.

+ Zum Servieren die Harissa-Lachsfilets mit den Knusperkartoffeln und der Salsa auf Tellern anrichten.

SALT

Makrele auf Fenchel und Tomaten

Für 2 Personen
Zubereitung: 20 Minuten
Garen: 35 Minuten

Öl für das Blech
2 Fenchelknollen
(mit Grün; à ca. 300 g)
4 EL Olivenöl
Salz, Pfeffer aus der Mühle
1 Bio-Zitrone
8 Zweige Thymian
2 Knoblauchzehen
2 Makrelen (küchenfertig;
à 250–300 g)
400 g kleine Eiertomaten

Pro Portion: ca. 650 kcal,
38 g EW, 47 g F, 15 g KH, 8 g BST

+ Den Backofen auf 220 °C vorheizen. Ein Backblech mit Öl einfetten. Den Fenchel putzen, waschen und halbieren, das Grün beiseitelegen. Den harten Strunk entfernen, die Fenchelhälften in etwa 1 cm dicke Spalten schneiden und auf das Blech legen. Mit 1 EL Öl beträufeln, salzen und pfeffern und im Ofen auf der mittleren Schiene etwa 10 Minuten vorgaren. Falls nötig, danach herausnehmen und auf einem Kuchengitter abstellen, den Ofen nicht ausschalten!

+ Inzwischen die Zitrone heiß waschen, abtrocknen und halbieren. Die Schale der einen Zitronenhälfte fein abreiben und die Hälfte in Spalten schneiden. Die andere Zitronenhälfte in 4 Scheiben schneiden. Den Thymian waschen, trocken tupfen, die Blätter abzupfen und fein hacken. Den Knoblauch schälen und fein würfeln. Das übrige Öl mit Zitronenschale, Thymian und Knoblauch verrühren.

+ Die Makrelen innen und außen waschen und trocken tupfen. Die Fische auf einer Seite dreimal schräg etwa 1 cm tief einschneiden, innen mit Salz und Pfeffer würzen und mit jeweils 2 Zitronenscheiben füllen. Die Fische außen mit dem Zitronen-Thymian-Öl bestreichen und ebenfalls salzen und pfeffern.

+ Die Tomaten waschen und quer in etwa 1 cm dicke Scheiben schneiden, dabei die Stielansätze entfernen. Die Tomaten und Zitronenspalten zum Fenchel auf das Blech setzen und mit dem übrigen Zitronen-Thymian-Öl beträufeln. Die Fische mit der eingeschnittenen Seite nach oben auf das Gemüse setzen und alles im Ofen bei gleicher Einstellung weitere 20 bis 25 Minuten garen.

+ Zum Servieren das beiseitegelegte Fenchelgrün fein hacken. Die Makrelen mit dem Gemüse aus dem Ofen nehmen, auf Tellern anrichten und mit dem Fenchelgrün bestreuen. Dazu passt Vollkornbaguette.

Gemüse-Bärlauch-Pfanne mit Garnelen

Für 2 Personen
Zubereitung: 30 Minuten

2 Schalotten
200 g Bimi (Wildbrokkoli; ersatzweise Brokkoliröschen)
250 g grüner Spargel
1 Stange Staudensellerie
200 g Cocktailtomaten
8 Bärlauchblätter (ersatzweise 1 Knoblauchzehe und 1 Bund Schnittlauch)
250 g rohe Garnelen (ohne Kopf; geschält)
3 EL Olivenöl
Salz, Pfeffer aus der Mühle
50 ml Gemüsebrühe
¼ TL Piment d'Espelette (ersatzweise Cayennepfeffer)
2 EL Crème fraîche

Pro Portion: ca. 400 kcal, 31 g EW, 23 g F, 12 g KH, 7 g BST

+ Die Schalotten schälen und fein würfeln. Den Bimi putzen, waschen und samt Stielen grob schneiden. Den Spargel waschen, im unteren Drittel schälen und die holzigen Enden abschneiden. Dicke Stangen erst längs halbieren, dann den gesamten Spargel in etwa 5 cm breite Stücke schneiden. Den Sellerie putzen, waschen und in dünne Scheiben schneiden. Die Tomaten waschen und halbieren oder vierteln. Den Bärlauch waschen, trocken tupfen und in feine Streifen schneiden. Die Garnelen waschen und trocken tupfen.

+ In einer großen Pfanne 2 EL Öl erhitzen und die Schalottenwürfel darin bei mittlerer Hitze andünsten. Bimi, Spargel und Sellerie dazugeben und etwa 3 Minuten andünsten, salzen und pfeffern. Die Brühe dazugießen und das Gemüse mit geschlossenem Deckel etwa 4 Minuten dünsten. Dann die Tomaten hinzufügen und bei schwacher Hitze noch kurz mitgaren.

+ Gleichzeitig das übrige Öl in einer zweiten Pfanne erhitzen und die Garnelen darin auf jeder Seite etwa 2 Minuten anbraten, mit Salz, Pfeffer und Piment d'Espelette würzen.

+ Zum Servieren die Garnelen mit Bärlauch und Crème fraîche unter das Gemüse mischen und die Gemüse-Garnelen-Pfanne auf Tellern anrichten. Dazu passt eine Naturreis-Wildreis-Mischung.

Die Ernährungs-Docs

Verantwortlich für den typischen Knoblauchduft von Bärlauch ist die schwefelhaltige Verbindung Allicin, die beim Zerkleinern der grünen Blätter entsteht. Allicin wirkt entzündungshemmend, leicht blutverdünnend und verbessert die Sauerstoffversorgung der grauen Zellen. Das hilft der Konzentration und dem Gedächtnis auf die Sprünge.

Lunch to go

Sättigende Salate und vegane Falafeln mit Dip kann man schon am Vorabend in Ruhe zubereiten. Sie sind ideal zum Mitnehmen und verwandeln die Mittagspause in eine Auszeit, um neue Brain-Power zu tanken. So bleiben Sie bis zum Abend konzentriert!

Mediterraner Nudelsalat

Für 2 Gläser (à ca. 400 ml Inhalt): **120 g Vollkorn-Fusilli** mit etwas **Salz** in kochendem Wasser nach Packungsanweisung bissfest garen. In ein Sieb abgießen, abtropfen und abkühlen lassen. Währenddessen **150 g Cocktailtomaten** waschen und halbieren. **2 junge Zucchini** putzen, waschen und in dünne Scheiben schneiden. **1 rote Zwiebel** schälen und fein würfeln. Beides in **2 EL Olivenöl** in einer Pfanne bei mittlerer Hitze etwa 4 Minuten unter Wenden braten, salzen und **pfeffern.** Tomaten und Zucchini-Zwiebel-Mix unter die Nudeln mischen und auf saubere Schraubgläser verteilen. Für das Dressing **2 EL Aceto balsamico bianco,** Salz, Pfeffer, **2 TL Tomatenmark, 50 ml Gemüsebrühe** und **2 EL Olivenöl** verrühren und über den Pasta-Mix gießen. **125 g Mini-Mozzarellakugeln** abtropfen lassen, **12 Basilikumblätter** abreiben, beides auf den Nudelsalat geben. Die Gläser verschließen und kühl stellen, so hält sich der Salat 1 bis 2 Tage.

Zubereitung: 25 Minuten
Pro Portion: ca. 630 kcal,
23 g EW, 36 g F, 48 g KH, 10 g BST

Die Ernährungs-Docs

Wird unser Gehirn gleichmäßig mit Gemüse, Vollkorn, Nüssen, Käse und hochwertigen Fetten aus pflanzlichen Ölen „gefüttert“, kann es tagsüber auf Hochtouren laufen und nachts regenerieren. Eine abwechslungsreiche mediterrane Ernährung senkt das Risiko für Übergewicht, Diabetes und Bluthochdruck und steigert damit auch die Widerstandskraft unseres Gehirns. Je früher man das berücksichtigt, desto größer ist der Effekt!

Kichererbsen-Spinat-Salat

Für 2 Gläser (à ca. 400 ml Inhalt): **1 rote Paprikaschote** halbieren, putzen, waschen und klein würfeln. **1 Zwiebel** schälen, halbieren und in dünne Streifen schneiden, in einer Pfanne in **2 EL Olivenöl** bei mittlerer Hitze andünsten. Paprika dazugeben und 3 bis 4 Minuten mitbraten. **250 g Kichererbsen** (aus der Dose) in einem Sieb abbrausen, abtropfen lassen und mit **30 g Cashewkernen** hinzufügen. Mit **Salz, ½ TL Pul biber** (scharfen Paprikaflocken) sowie **je 1 EL Zitronensaft und Olivenöl** würzen. Vom Herd nehmen, **1 EL gehackte Petersilie** untermischen und den Salat auf saubere Schraubgläser verteilen. **50 g jungen Spinat** verlesen, waschen, trocken schütteln und daraufsetzen. **100 g Feta** (Schafskäse) darüberbröseln. Die Gläser verschließen und bis zum Verzehr kühl stellen. So hält sich der Salat 1 bis 2 Tage.

Zubereitung: 20 Minuten
Pro Portion: ca. 570 kcal,
22 g EW, 38 g F, 30 g KH, 9 g BST

Edamame-Falafeln mit Sesamdip

Für 2 Personen: **200 g tiefgekühlte Edamamekerne** mit **Salz** in kochendem Wasser 1 bis 2 Minuten blanchieren, in ein Sieb abgießen, kalt abschrecken und abtropfen lassen. **Je 4 Stiele Petersilie und Koriandergrün** waschen, trocken tupfen, Blätter abzupfen. **1 kleine Zwiebel** und **1 Knoblauchzehe** schälen und grob würfeln. Alles mit **je 1 EL Zitronensaft und Olivenöl, 1 Ei** (Größe M) und **2 EL Kichererbsenmehl** im Blitzhacker grob mixen. Die Masse mit **½ TL gemahlenem Kreuzkümmel, ¼ TL Pul biber** (scharfen Paprikaflocken) und Salz abschmecken. Aus der Masse 8 Bällchen formen, flacher drücken und in einer Pfanne in **2 EL Olivenöl** auf beiden Seiten etwa 10 Minuten braten. Für den Dip **1 EL Tahin** (Sesampaste), **100 g Joghurt** (3,5 % Fett) sowie **1 EL Zitronensaft** verrühren, salzen und pfeffern. Falafeln und Dip getrennt in Frischhalteboxen verpacken und und bis zum Verzehr kühl stellen. So können sie bis zu 3 Tagen aufbewahrt werden.

Zubereitung: 30 Minuten
Pro Portion: ca. 450 kcal,
21 g EW, 30 g F, 22 g KH, 8 g BST

Gemüse-Puten-Tajine mit Kichererbsen

Für 2 Personen
Zubereitung: 20 Minuten
Garen: 30 Minuten

400 g Putenbrustfilet
1 ½ TL Ras el-Hanout
(nordafrik. Gewürzmischung)
1 rote Zwiebel
2 Knoblauchzehen
200 g Möhren
2 kleine Rote Beten (ca. 250 g)
150 g Staudensellerie
1 Dose Kichererbsen
(240 g Abtropfgewicht)
3 EL Olivenöl
Salz, Pfeffer aus der Mühle
200 ml passierte Tomaten
(aus Glas oder Dose)
100 ml Gemüsebrühe
½ Bund Petersilie
½ TL abgeriebene Bio-Zitronenschale
¼–½ TL Chiliflocken
150 g Joghurt (3,5 % Fett)

Pro Portion: ca. 650 kcal,
31 g EW, 27 g F, 64 g KH, 13 g BST

+ Das Fleisch waschen, trocken tupfen, in etwa 4 cm große Stücke schneiden und mit Ras el-Hanout würzen. Die Zwiebel schälen und achteln, den Knoblauch schälen und in dünne Scheiben schneiden. Die Möhren putzen, schälen, längs vierteln und in etwa 5 cm breite Stücke schneiden. Die Roten Beten putzen, schälen und in etwa 1 cm breite Spalten schneiden (Achtung, sie färben stark ab!). Sellerie putzen, waschen und in etwa 1 cm breite Stücke schneiden. Kichererbsen in einem Sieb abbrausen und abtropfen lassen.

+ In einer Tajine oder einem Schmortopf 2 EL Öl erhitzen und das Fleisch darin bei mittlerer bis starker Hitze 4 bis 5 Minuten rundum anbraten, herausnehmen und beiseitestellen. Dann Zwiebel, Knoblauch und Gemüse in der Tajine im restlichen Öl unter Wenden etwa 3 Minuten anbraten. Die Kichererbsen dazugeben, das Fleisch wieder hinzufügen und alles mit Salz und Pfeffer würzen. Dann Tomatenpüree und Brühe dazugießen und das Ganze mit geschlossenem Deckel bei mittlerer Hitze etwa 30 Minuten schmoren.

+ Inzwischen die Petersilie waschen, trocken tupfen, die Blätter abzupfen und fein hacken. Zum Servieren den Topf öffnen, die Tajine mit Zitronenschale, Salz und Pfeffer würzen und auf Tellern anrichten. Mit Chiliflocken und Petersilie bestreuen, den Joghurt dazu reichen.

Die Ernährungs-Docs

Mit rund 490 Milligramm pro 100 Gramm liefern (getrocknete) Kichererbsen relativ viel Thiamin (Vitamin B1). Dieses Vitamin ist maßgeblich an der Umwandlung von Kohlenhydraten in Energie beteiligt und damit auch für das Nervensystem entscheidend. Unser Körper sorgt übrigens intelligent vor: Bei einem Mangel an Thiamin wird das Gehirn primär versorgt.

Kräutersteaks mit Kartoffeln und Paprika

Für 2 Personen
Zubereitung: 40 Minuten

400 g gegarte vorwiegend festkochende Pellkartoffeln (vom Vortag)
1 Zwiebel
1 rote Paprikaschote
200 g grüne Bratpaprikaschoten (Pimientos de Padrón)
100 g kleine Kräuterseitlinge
¼ Bund Petersilie
4 Zweige Thymian
2 EL Vollkornsemmelbrösel
5 EL Olivenöl
1 TL scharfer Senf
2 Rinderfiletsteaks (à ca. 200 g)
Salz, Pfeffer aus der Mühle
½ TL rosenscharfes Paprikapulver

Pro Portion: ca. 740 kcal, 52 g EW, 34 g F, 50 g KH, 9 g BST

+ Die Pellkartoffeln pellen und in dünne Scheiben schneiden. Die Zwiebel schälen, halbieren und in Streifen schneiden. Die Paprika vierteln, putzen, waschen und in grobe Stücke schneiden. Die Bratpaprika waschen und trocken tupfen. Pilze putzen, bei Bedarf trocken abreiben und längs halbieren oder vierteln.

+ Den Backofen auf 180 °C vorheizen. Petersilie und Thymian waschen, trocken tupfen, die Blätter abzupfen und fein hacken. Für die Kruste die Semmelbrösel mit Kräutern, 1 EL Öl und Senf mischen. Die Steaks trocken tupfen und in einer Pfanne in 1 EL Öl bei starker Hitze auf jeder Seite 1 bis 2 Minuten anbraten. Dann herausnehmen, auf ein Backblech legen und mit Salz und Pfeffer würzen. Die Steaks mit der Bröselmischung bedecken und im Ofen auf der mittleren Schiene 8 bis 10 Minuten garen. Danach im abgeschalteten Ofen ruhen lassen, bis die Bratkartoffeln gar sind.

+ Inzwischen in einer großen beschichteten Pfanne 1 EL Öl erhitzen und die Kartoffeln darin bei mittlerer Hitze unter Wenden etwa 5 Minuten rundum goldbraun braten. Mit Salz und Pfeffer würzen, herausnehmen und abgedeckt warm halten.

+ Zwiebel, Paprika, Bratpaprika und Pilze in der Pfanne im übrigen Öl bei mittlerer Hitze etwa 5 Minuten goldbraun braten, dabei ab und zu wenden. Danach die Kartoffeln untermischen und alles mit Paprikapulver würzen.

+ Zum Servieren die Steaks aus dem Ofen nehmen und mit dem Kartoffel-Paprika-Gemüse auf Tellern anrichten.

Spargel-Hähnchen-Wok mit Nudeln

Für 2 Personen
Zubereitung: 30 Minuten
Marinieren: 30 Minuten

1 Knoblauchzehe
10 g Ingwer
¼ – ½ TL Chiliflocken
4 EL Sojasauce (z. B. Tamari)
300 g Hähnchenbrustfilet
300 g grüner Spargel
125 g Zuckerschoten
100 g Shiitake-Pilze
2 Frühlingszwiebeln
100 g Dinkelvollkorn-Spaghetti
Salz
4 EL helles Sesamöl
4 Stiele Koriandergrün
1 EL ungeschälte Sesamsamen

Pro Portion: ca. 670 kcal,
52 g EW, 26 g F, 51 g KH, 15 g BST

+ Für die Marinade Knoblauch und Ingwer schälen, in feine Würfel schneiden und in einer Schüssel mit ¼ TL Chiliflocken und der Sojasauce gründlich verrühren. Das Fleisch waschen, trocken tupfen und in etwa ½ cm breite Streifen schneiden, dann rundum in der Marinade wenden und abgedeckt mind. 30 Minuten kühl stellen.

+ Inzwischen den Spargel waschen, im unteren Drittel schälen und die holzigen Enden abschneiden. Die Stangen nach Belieben längs halbieren, danach schräg in etwa 4 cm breite Stücke schneiden. Die Zuckerschoten putzen, waschen und schräg halbieren. Die Pilze putzen und die Stiele entfernen (Stiele nicht mitverzehren!), die Kappen trocken abreiben, halbieren oder vierteln. Die Frühlingszwiebeln putzen, waschen und in dünne Ringe schneiden.

+ Die Nudeln in reichlich kochendem Salzwasser nach Packungsanweisung bissfest garen, in ein Sieb abgießen und abtropfen lassen.

+ Im Wok 2 EL Öl erhitzen, das Fleisch abtropfen lassen (dabei die Marinade auffangen!) und darin portionsweise je etwa 2 Minuten anbraten. Danach jeweils herausnehmen und abgedeckt beiseitestellen.

+ Den Spargel im Wok im übrigen Öl bei mittlerer Hitze unter Rühren etwa 4 Minuten braten. Zuckerschoten, Pilze und Frühlingszwiebeln dazugeben und etwa 2 Minuten mitbraten.

+ Zuletzt die aufgefangene Marinade, die Nudeln und das Fleisch zum Gemüse hinzufügen und das Ganze unter Wenden noch 2 Minuten braten. Mit den übrigen Chiliflocken abschmecken.

+ Zum Servieren das Koriandergrün waschen, trocken tupfen und die Blätter abzupfen. Den Spargel-Hähnchen-Wok auf Tellern anrichten und mit Sesam und Koriandergrün bestreuen.

Hüftsteaks mit Asia-Mangold

Für 2 Personen
Zubereitung: 35 Minuten

6 Rinder-Minuten-Hüftsteaks (à 50–60 g)
1 TL Currypulver
Pfeffer aus der Mühle
2 EL ungesalzene Erdnusskerne
15 g Ingwer
1 Knoblauchzehe
2 Frühlingszwiebeln
400 g Mangold
je 1 kleine rote und gelbe Paprikaschote
4 EL helles Sesamöl
30 g Erdnussmus
2 EL Sojasauce (z. B. Tamari)
125 ml Gemüsebrühe
Salz

Pro Portion: ca. 660 kcal, 51 g EW, 42 g F, 13 g KH, 11 g BST

+ Die Steaks trocken tupfen, auf einem Teller mit Curry und Pfeffer würzen und Zimmertemperatur annehmen lassen. Die Erdnüsse in einer Pfanne ohne Fett rösten, vom Herd nehmen und abkühlen lassen, nach Belieben grob hacken.

+ Ingwer und Knoblauch schälen und in feine Würfel schneiden. Die Frühlingszwiebeln putzen, waschen und das Weiße und Grüne separat schräg in dünne Ringe schneiden. Den Mangold putzen und waschen, Blätter und Stiele getrennt in etwa 1 cm breite Streifen schneiden. Die Paprikaschoten halbieren, putzen, waschen und in etwa 2 cm große Rauten schneiden.

+ In einer großen Pfanne oder einem Wok 3 EL Öl erhitzen und Ingwer, Knoblauch und weiße Frühlingszwiebelringe darin bei mittlerer Hitze etwa 2 Minuten anbraten. Die Mangoldstiele und Paprika dazugeben und 5 bis 6 Minuten unter Wenden mitbraten.

+ Das Erdnussmus mit der Sojasauce und der Brühe glatt verrühren und unter das Gemüse mischen. Dann die Mangoldblätter hinzufügen, alles mit Salz und Pfeffer würzen und mit geschlossenem Deckel bei schwacher Hitze noch 2 bis 3 Minuten köcheln lassen.

+ Gleichzeitig die Steaks in einer Grillpfanne im übrigen Öl auf jeder Seite 1 bis 2 Minuten braten. Dann salzen, die Pfanne vom Herd nehmen und das Fleisch in der Nachhitze der Pfanne noch wenige Minuten durchziehen lassen.

+ Zum Servieren das Mangoldgemüse mit jeweils 3 Hüftsteaks auf Tellern anrichten und mit den Erdnüssen und dem Frühlingszwiebelgrün bestreuen. Dazu passt Naturreis.

KLEINE GERICHTE

Salate und Suppen querbeet, Antipasti und Bruschette, Gemüsenudeln und Bratlinge – hier herrscht grüne Welle fürs Gehirn! Denn mit kleinen Mahlzeiten, vollgepackt mit vitamin- und vitalstoffreichem Gemüse, unterstützen Sie den Stoffwechsel im Oberstübchen aufs Beste. On top gibt's tolle Brain-Drinks sowie süße Ideen rund um die Wachmacher Kaffee, Schokolade und Grüntee.

Tomatensuppe mit Sonnenblumen-Gremolata

Für 2 Personen
Zubereitung: 25 Minuten

1 kleine rote Zwiebel
1 Knoblauchzehe
2 EL Olivenöl
50 g zarte Haferflocken
2 TL Tomatenmark
400 ml Gemüsebrühe
¼ l Tomatensaft
1 TL getr. Kräuter der Provence
Salz, Pfeffer aus der Mühle
2 EL Sonnenblumenkerne
½ Bio-Zitrone
4 Stiele Petersilie
80 g bunte Cocktailtomaten
2 EL griech. Joghurt (10 % Fett)

Pro Portion: ca. 340 kcal,
9 g EW, 20 g F, 27 g KH, 5 g BST

+ Zwiebel und Knoblauch schälen, in feine Würfel schneiden und in einem Topf im Öl bei mittlerer Hitze etwa 2 Minuten andünsten. Haferflocken und Tomatenmark dazugeben und unter Rühren 1 bis 2 Minuten mitdünsten. Brühe und Tomatensaft dazugießen, alles mit Kräutern, Salz und Pfeffer würzen und langsam aufkochen. Dann die Suppe mit geschlossenem Deckel bei schwacher bis mittlerer Hitze noch etwa 10 Minuten köcheln lassen.

+ Inzwischen für die Gremolata die Sonnenblumenkerne in einer Pfanne ohne Fett bei mittlerer Hitze hell rösten, bis sie duften. Vom Herd nehmen und abkühlen lassen. Die Zitrone heiß waschen, abtrocknen und die Schale mit dem Zestenreißer in feinen Streifen abziehen. Die Petersilie waschen, trocken tupfen, die Blätter abzupfen und mit Kernen und Zitronenschale nicht zu fein hacken. Die Gremolata abgedeckt beiseitestellen. Die Tomaten waschen und vierteln.

+ Die Suppe vom Herd nehmen und im Topf mit dem Stabmixer fein pürieren, mit Salz und Pfeffer abschmecken. Zum Servieren auf tiefe Teller oder Schalen verteilen, je 1 EL Joghurt daraufgeben und diesen mit einem Löffelstiel spiralförmig in der Suppe verziehen. Mit den Tomaten und der Gremolata garnieren.

Die Ernährungs-Docs

Tomaten sind gleich in mehrfacher Hinsicht ein Booster fürs Gehirn: Sie fördern die Synthese von Serotonin und enthalten das antioxidativ wirksame Carotinoid Lycopin. Anders als viele Vitalstoffe leidet Lycopin nicht unter dem Erhitzen – im Gegenteil, durch das Kochen wird es erst richtig freigesetzt und für unseren Körper aufnahmefähig. Der Effekt wird noch verstärkt, wenn man Tomaten zusammen mit (hochwertigem) Öl gart.

Grüne Gazpacho mit Feta

Für 2 Personen
Zubereitung: 20 Minuten

1 kleine Fenchelknolle (ca. 200 g)
1 kleine grüne Paprikaschote (ca. 150 g)
200 g Salatgurke
½ Avocado
75 g Staudensellerie
½ grüne Pfefferschote (Peperoni)
1 kleine Knoblauchzehe
6 Stiele Petersilie
20 g Rucola
2 EL Olivenöl
1 EL Zitronensaft
30 g Vollkornbrötchen
Salz, Pfeffer aus der Mühle
60 g Feta (Schafskäse; 45 % Fett i. Tr.)
30 g Walnusskerne

Pro Portion: ca. 445 kcal, 12 g EW, 35 g F, 17 g KH, 9 g BST

+ Den Fenchel putzen, waschen und halbieren, den harten Strunk entfernen. Die Hälften grob in Stücke schneiden, dabei das Grün beiseitelegen. Die Paprika halbieren, putzen, waschen und klein schneiden. Die Gurke putzen, waschen und grob würfeln. Die Avocado entkernen und das Fruchtfleisch aus den Schalen lösen. Den Sellerie putzen, waschen und in Scheiben schneiden. Die Peperoni putzen, waschen und samt Kernen in Ringe schneiden. Den Knoblauch schälen. Petersilie und Rucola waschen und trocken tupfen, die Petersilienblätter abzupfen, vom Rucola grobe Stiele entfernen.

+ Die vorbereiteten Zutaten mit Öl und Zitronensaft in den Standmixer geben. Das Brötchen klein würfeln und hinzufügen. 300 ml kaltes Wasser dazugießen und alles erst bei schwacher, dann bei hoher Stufe fein pürieren. Die kühle Suppe mit Salz und Pfeffer würzen.

+ Zum Servieren die Suppe auf Gläser oder Schalen verteilen. Den Feta zerbröckeln, die Nüsse grob hacken und beides auf die Suppe streuen. Zuletzt mit Pfeffer und Fenchelgrün garnieren.

Gemüsesuppe mit Nüssen

+ Zwiebel schälen und fein würfeln. Kartoffeln schälen, waschen und etwa 1½ cm groß würfeln. Brokkoli waschen und kleiner schneiden. Möhren und Kohlrabi putzen, schälen und klein würfeln. Zwiebel in einem Topf im Öl bei mittlerer Hitze andünsten. Die Kartoffeln und das Gemüse dazugeben und 2 bis 3 Minuten mitdünsten.

+ Dann Brühe und Sojadrink dazugießen, alles langsam aufkochen und mit geschlossenem Deckel bei mittlerer Hitze etwa 12 Minuten köcheln lassen. Dann etwa ein Drittel der Kartoffel-Gemüse-Mischung aus der Suppe abnehmen und mit etwas Brühe in einem hohen Rührbecher mit dem Stabmixer fein pürieren. Das Püree zurück in den Topf geben, die Soja-Cuisine hinzufügen und die Suppe mit geschlossenem Deckel bei schwacher Hitze noch etwa 5 Minuten garen. Zuletzt mit Salz, Pfeffer und Muskatnuss abschmecken.

+ Zum Servieren die Nüsse hacken und in einer Pfanne ohne Fett hell rösten. Mit Majoran und Pfeffer würzen, vom Herd nehmen und die Petersilie untermischen. Die Suppe auf tiefe Teller oder Schalen verteilen und mit dem Nuss-Kräuter-Mix bestreuen.

Für 2 Personen
Zubereitung: 35 Minuten

1 kleine Zwiebel
300 g vorwiegend festkochende Kartoffeln
200 g Brokkoliröschen
150 g Möhren
½ Kohlrabi (ca. 150 g)
2 EL Olivenöl
400 ml vegane Gemüsebrühe
125 ml ungesüßter Sojadrink
100 g Soja-Cuisine
Salz, Pfeffer aus der Mühle
frisch geriebene Muskatnuss
30 g Haselnusskerne
¼ TL getr. Majoran
2 EL gehackte Petersilie

Pro Portion: ca. 510 kcal, 14 g EW, 33 g F, 34 g KH, 11 g BST

Antipasti mit Halloumi und Erbsen-Hummus

Für 2 Personen
Zubereitung: 45 Minuten
Garen: 25 Minuten

je 1 kleine rote und gelbe Paprikaschote
1 kleine Zucchini (ca. 150 g)
½ Aubergine (ca. 150 g)
1 Knoblauchzehe
5 EL Olivenöl
1 TL getr. ital. Kräuter
Salz, Pfeffer aus der Mühle
100 g tiefgekühlte Erbsen
1 kleine Dose Kichererbsen (ca. 65 g Abtropfgewicht)
1 EL Tahin (dunkle Sesampaste)
1 EL Zitronensaft
100 g Halloumi (Grillkäse)
1 EL Aceto balsamico bianco
einige Basilikumblätter

Pro Portion: ca. 630 kcal, 25 g EW, 46 g F, 23 g KH, 9 g BST

+ Den Backofen auf 220 °C vorheizen. Die Paprika halbieren, putzen, waschen und in etwa 2 cm große Stücke schneiden. Zucchini und Aubergine putzen, waschen und in knapp 1 cm dicke Scheiben schneiden. Den Knoblauch schälen, in feine Würfel schneiden und in einer Schüssel mit 4 EL Öl und den Kräutern verrühren. Das Gemüse im Kräuteröl wenden und auf einem Backblech verteilen, salzen und pfeffern. Dann im Ofen auf der mittleren Schiene etwa 25 Minuten rösten, dabei zwischendurch wenden.

+ Inzwischen den Halloumi trocken tupfen, in etwa 1 cm breite Scheiben schneiden und mit dem restlichen Öl bestreichen. Den Käse nach etwa 10 Minuten Garzeit zum Gemüse auf das Blech legen und alles noch etwa 15 Minuten garen.

+ Währenddessen die Erbsen in kochendem Salzwasser etwa 2 Minuten blanchieren, in ein Sieb abgießen, kalt abschrecken und abtropfen lassen. Die Kichererbsen in einem Sieb abbrausen und ebenfalls abtropfen lassen. Beides mit Tahin, Zitronensaft und 4 EL Wasser in einen hohen Rührbecher geben und mit dem Stabmixer fein pürieren. Den Hummus mit Salz und Pfeffer abschmecken.

+ Danach das Gemüse und den Halloumi aus dem Ofen nehmen, das Gemüse mit Essig, Salz und Pfeffer würzen und mischen. Zum Servieren die Basilikumblätter waschen und trocken tupfen. Antipasti und Halloumi mit dem Erbsen-Hummus auf Tellern anrichten und mit dem Basilikum garnieren.

Artischockensalat mit Spargel

Für 2 Personen
Zubereitung: 45 Minuten

300 g weißer Spargel
Salz
200 g Mangold
(am besten mit roten Stielen)
3–4 Artischockenherzen
(aus Glas oder Dose; ca. 150 g)
1 kleine rote Zwiebel
1 kleine rote Chilischote
½ Bio-Zitrone
Pfeffer aus der Mühle
1 TL scharfer Senf
1 TL flüssiger Honig
3 EL Olivenöl
6 Basilikumblätter
125 g Mini-Mozzarellakugeln

Pro Portion: ca. 400 kcal,
17 g EW, 29 g F, 10 g KH, 12 g BST

+ Den Spargel waschen, schälen und die holzigen Enden abschneiden. Die Stangen schräg in etwa 3 cm lange Stücke schneiden, die Köpfe längs halbieren. In einem Topf reichlich Salzwasser aufkochen und den Spargel darin mit geschlossenem Deckel 2 bis 3 Minuten garen. Anschließend in ein Sieb abgießen und abtropfen lassen, dabei etwa 60 ml Kochsud auffangen. Beides abkühlen lassen.

+ Den Mangold putzen und waschen, Mangoldblätter und -stiele getrennt in etwa 1 cm breite Streifen schneiden. Die Artischockenherzen abtropfen lassen und vierteln. Die Zwiebel schälen, halbieren und in feine Streifen schneiden.

+ Für das Dressing die Chilischote längs halbieren, entkernen, waschen und fein würfeln. Zitrone heiß waschen, abtrocknen, Schale fein abreiben und 2 EL Saft auspressen. Chili, Zitronenschale und -saft in einer Salatschüssel mit dem aufgefangenen Spargelsud, Salz, Pfeffer, Senf und Honig verrühren. Das Öl nach und nach unterschlagen. Basilikum waschen, trocken tupfen, fein hacken und dazugeben.

+ Zum Servieren Spargel, Mangoldstiele und -blätter, Artischocken und Zwiebel unter das Dressing mischen und den Salat auf Tellern anrichten. Die Mozzarellakugeln abtropfen lassen (größere Kugeln nach Belieben halbieren) und auf dem Salat verteilen.

Die Ernährungs-Docs

Salate sind ideal als kleine Mahlzeit zwischendurch oder als leichter Magenfüller. Damit wir wirklich lange satt bleiben, empfiehlt sich jeweils noch eine Portion Eiweiß on top – wie hier der Mozzarella. Käse hat außerdem den Vorteil, dass er mit Tryptophan, Spermidin und Cholin wichtige Substanzen fürs Gehirn liefert (siehe Seite 33).

Ziegenkäse-Bruschette mit Feigen

Für 2 Personen
Zubereitung: 30 Minuten

4 Salbeiblätter
30 g Walnusskerne
2 Feigen (80–90 g)
125 g kleine Strauchtomaten
2 TL Aceto balsamico bianco
Salz, Pfeffer aus der Mühle
3 EL Olivenöl
2 Scheiben Roggenkrustenbrot mit Sauerteig (siehe Seite 80; à ca. 60 g; oder Roggensauerteigbrot)
80 g Ziegenfrischkäse
50 g Speisequark (20 % Fett i. Tr.)
1–2 TL Zitronensaft
½ Knoblauchzehe

Pro Portion: ca. 540 kcal, 15 g EW, 33 g F, 42 g KH, 7 g BST

+ Die Salbeiblätter abreiben und in feine Streifen schneiden. Die Nüsse hacken und in einer Pfanne ohne Fett bei mittlerer Hitze hell rösten. Den Salbei dazugeben und kurz mitbraten. Dann den Salbei-Nuss-Mix herausnehmen und abkühlen lassen. Die Feigen vorsichtig waschen, trocken tupfen und jeweils in 6 Spalten schneiden, dabei die Stielansätze entfernen. Die Tomaten waschen und sechsteln, dabei die Stielansätze entfernen. Feigen und Tomaten in einer Schüssel mit Essig, Salz, Pfeffer und 1 EL Öl mischen.

+ Eine große beschichtete Pfanne ohne Fett erhitzen, die Brotscheiben darin bei mittlerer bis starker Hitze auf jeder Seite etwa 5 Minuten rösten. Inzwischen Ziegenkäse und Quark gut verrühren und mit Zitronensaft, Salz und Pfeffer würzen.

+ Zum Servieren die Brotscheiben aus der Pfanne nehmen, kurz abkühlen lassen, oben mit der halbierten Knoblauchzehe einreiben und mit dem übrigen Öl beträufeln. Mit Frischkäsecreme bestreichen, mit Feigen-Tomaten-Mix belegen und mit Salbei-Nuss-Mix bestreuen.

Kohlrabi-Carpaccio mit Apfel

Für 2 Personen
Zubereitung: 20 Minuten

30 g Haselnussblättchen
1 junger Kohlrabi (ca. 300 g)
1 rotschaliger Apfel (z. B. Elstar)
2 EL Zitronensaft
Salz
1 kleine Möhre
250 g Speisequark (20 % Fett i. Tr.)
1 EL Olivenöl
½ TL abgeriebene Bio-Zitronenschale
½ Beet Kresse
Pfeffer aus der Mühle

Pro Portion: ca. 370 kcal, 21 g EW, 21 g F, 21 g KH, 5 g BST

+ Die Haselnüsse in einer Pfanne ohne Fett bei mittlerer Hitze hell rösten. Herausnehmen und abkühlen lassen.

+ Den Kohlrabi putzen und schälen. Den Apfel waschen und das Kerngehäuse im Ganzen mit dem Kernausstecher entfernen. Kohlrabi und Apfel separat auf der Gemüsereibe in sehr dünne Scheiben hobeln. Zwei Teller mit 1 EL Zitronensaft bestreichen und die Kohlrabi- und Apfelscheiben darauf abwechselnd und leicht überlappend auslegen. Mit dem übrigen Zitronensaft bestreichen und leicht salzen.

+ Die Möhre putzen, schälen und auf der Gemüsereibe grob raspeln. Mit Quark, Öl und Zitronenschale verrühren. Die Kresse vom Beet abschneiden, waschen und trocken tupfen, die Hälfte unter den Quark mischen. Den Kressequark mittig auf das Carpaccio setzen und alles mit Haselnüssen und übriger Kresse bestreuen, den Pfeffer darübermahlen. Dazu passt pro Portion 1 Scheibe Pumpernickel.

Gebratene Champignons mit Mandel-Aioli

Für 2 Personen
Zubereitung: 35 Minuten

1 Knoblauchzehe
1 EL dunkles Mandelmus
½ TL scharfer Senf
50 ml ungesüßter Mandeldrink
5 EL Olivenöl
2 EL Rapsöl
Salz, Pfeffer aus der Mühle
2 EL Zitronensaft
6 Stiele Petersilie
400 g kleine braune Champignons
2 Schalotten
1 TL getr. Thymian
150 g Möhren
1 Römersalatherz
30 g Radieschensprossen

Pro Portion: ca. 480 kcal, 11 g EW, 42 g F, 11 g KH, 7 g BST

+ Für die Aioli den Knoblauch schälen und fein würfeln. Mit Mandelmus, Senf und Mandeldrink in einem hohen Rührbecher mit dem Stabmixer fein pürieren. 4 EL Olivenöl und Rapsöl in einem dünnen Strahl nach und nach dazugießen, dabei so lange weitermixen, bis eine cremige Sauce entstanden ist.

+ Die Aioli mit Salz, Pfeffer und 1 TL Zitronensaft abschmecken. Die Petersilie waschen, trocken tupfen, Blätter abzupfen, fein hacken und unter die Aioli mischen, kühl stellen.

+ Die Pilze putzen und bei Bedarf trocken abreiben. Die Schalotten schälen und fein würfeln. In einer großen Pfanne die Pilze mit 50 ml Wasser bei mittlerer Hitze 4 bis 5 Minuten dünsten, sodass das Wasser vollständig verdampft. Dann übriges Olivenöl, Schalotten und Thymian dazugeben und alles noch 4 bis 5 Minuten braten. Die Pilze salzen und pfeffern und abgedeckt warm halten.

+ Möhren putzen, schälen und in feine Streifen schneiden. In einer Schüssel mit dem restlichen Zitronensaft, Salz und Pfeffer mischen und mit den Händen kräftig durchkneten. Den Römersalat in Blätter teilen, waschen, trocken schleudern und in mundgerechte Stücke zerpflücken. Die Sprossen in einem Sieb abbrausen und abtropfen lassen. Beides mit den Möhren mischen.

+ Zum Servieren den Salat auf Teller verteilen und die Pilze darauf anrichten, mit der Mandel-Aioli beträufeln.

Grünkern-Bratlinge mit Brokkoli

Für 2 Personen
Zubereitung: 45 Minuten

200 g Brokkoli
1 Zwiebel
5 EL Olivenöl
80 g geschroteter Grünkern
150 ml Gemüsebrühe
50 g milder Bergkäse (am Stück)
5 Stiele Petersilie
1 Ei (Größe M)
1 Eigelb (Größe M)
Salz, Pfeffer aus der Mühle
1 kleiner Radicchio
(ca. 150 g)
1 Römersalatherz
50 g Feldsalat
2 EL Weißweinessig

Pro Portion: ca. 600 kcal, 22 g EW, 41 g F, 32 g KH, 9 g BST

+ Den Brokkoli putzen, waschen, fein hacken oder im Blitzhacker häckseln. Zwiebel schälen, fein würfeln und in einer Pfanne in 1 EL Öl bei mittlerer Hitze andünsten. Die Hälfte des Brokkoli dazugeben und 2 bis 3 Minuten mitdünsten. Grünkern und Brühe hinzufügen und alles mit geschlossenem Deckel bei schwacher Hitze etwa 10 Minuten quellen, dann in einer Schüssel lauwarm abkühlen lassen.

+ Inzwischen den Käse reiben. Die Petersilie waschen, trocken tupfen, die Blätter abzupfen und fein hacken. Den restlichen Brokkoli, Petersilie, Ei, Eigelb und Käse zur Grünkern-Mischung geben und gut einarbeiten. Mit Salz und Pfeffer würzen. Aus der Grünkernmasse mit angefeuchteten Händen 6 Bratlinge formen. 2 EL Öl in einer großen beschichteten Pfanne erhitzen und die Bratlinge darin bei mittlerer Hitze auf jeder Seite etwa 6 Minuten goldbraun braten.

+ Inzwischen alle Salate verlesen, putzen, waschen und in mundgerechte Stücke zupfen. Für die Vinaigrette Essig, 3 EL Wasser, Salz, Pfeffer und übriges Öl in einer Salatschüssel kräftig verrühren und die Salatblätter untermischen. Zum Servieren die Grünkern-Bratlinge aus der Pfanne nehmen, kurz auf Küchenpapier abtropfen lassen und mit dem Salat auf Tellern anrichten.

Die Ernährungs-Docs

Wer regelmäßig Radicchio, Chicorée und Rucola isst, stärkt seinen Magen-Darm-Trakt und sein Immunsystem: Denn in den Salaten steckt der Bitterstoff Lactucopikrin. Und der hilft auch beim Denken, das konnte ein Freiburger Forscherteam belegen. Füttert man die Gehirnzellen mit Bitterstoffen, ziehen diese neue Leitungen (Dendriten) zu benachbarten Nervenzellen – ein Vorgang, der auch beim ganz normalen Lernen abläuft.

Quinoa-Tabouleh mit Grünkohl

Für 2 Personen
Zubereitung: 35 Minuten

100 g weiße Quinoa
Salz
125 g junger Grünkohl (ersatzweise Wirsing)
½ Bio-Zitrone
4 EL Orangensaft
Pfeffer aus der Mühle
4 EL Olivenöl
250 g Butternusskürbis
150 g Knollensellerie
½ TL gemahlener Kreuzkümmel
¼ TL rosenscharfes Paprikapulver
½ Bund Petersilie
2 Stiele Minze
100 g Feta (Schafskäse; 45 % Fett i. Tr.)
2 EL Granatapfelkerne (frisch oder tiefgekühlt und aufgetaut)

Pro Portion: ca. 600 kcal, 19 g EW, 36 g F, 43 g KH, 11 g BST

+ Die Quinoa in einem Sieb kalt abbrausen und abtropfen lassen. Dann in einem Topf mit 300 ml Salzwasser aufkochen und mit geschlossenem Deckel bei schwacher Hitze 12 bis 15 Minuten bissfest garen. In ein Sieb abgießen, abtropfen und lauwarm abkühlen lassen.

+ Inzwischen die Grünkohlblätter verlesen, waschen, trocken schütteln und fein hacken. Die Zitrone heiß waschen, abtrocknen, die Schale fein abreiben und den Saft auspressen. Beides mit Orangensaft, Salz, Pfeffer und 2 EL Öl in einer Salatschüssel verrühren. Den Grünkohl untermischen und mit den Händen 3 bis 4 Minuten kneten, bis die Blätter weich sind. Die Quinoa untermischen.

+ Den Kürbis entkernen und schälen, den Sellerie putzen und schälen. Beides etwa 1 cm groß würfeln und in einer großen Pfanne im übrigen Öl bei mittlerer Hitze 8 bis 10 Minuten braten, dabei ab und zu wenden. Mit Kreuzkümmel und Paprikapulver würzen und etwas abkühlen lassen, dann unter den Grünkohl-Quinoa-Mix mischen.

+ Zum Servieren Petersilie und Minze waschen, trocken tupfen, die Blätter abzupfen und fein hacken. Das Tabouleh mit den Kräutern mischen und mit Salz und Pfeffer abschmecken. In Schalen anrichten, den Feta darüberbröckeln und alles mit Granatapfelkernen bestreuen.

Die Ernährungs-Docs

Um den Proteinanteil von Mahlzeiten zu erhöhen, ist Quinoa optimal. Das „Inka-Korn“ sieht zwar aus wie Getreide und wird auch so zubereitet. Es ist aber ein sogenanntes Pseudogetreide und enthält daher weniger Kohlenhydrate und mehr Eiweiß. Für unsere mentale Fitness ideal: Der Eiweißanteil von Quinoa liefert reichlich Tryptophan, aus dem das Gehirn das Glückshormon Serotonin herstellen kann.

Linsensalat mit Avocado

Für 2 Personen
Zubereitung: 30 Minuten

100 g Le-Puy-Linsen
(ersatzweise Beluga-Linsen)
150 g Salatgurke
100 g Cocktailtomaten
1 gelbe Spitzpaprikaschote
2 Frühlingszwiebeln
1 kleine Avocado
1 EL Zitronensaft
½ Bund Petersilie
2 EL Aceto balsamico bianco
1 TL mittelscharfer Senf
Salz, Pfeffer aus der Mühle
2 EL Olivenöl

Pro Portion: ca. 395 kcal,
15 g EW, 20 g F, 32 g KH, 14 g BST

+ Die Linsen in einem Sieb abbrausen und in einem Topf in kochendem Wasser ohne Salz (!) mit geschlossenem Deckel bei schwacher bis mittlerer Hitze 15 bis 20 Minuten bissfest garen. In ein Sieb abgießen, abtropfen und abkühlen lassen.

+ Inzwischen die Gurke putzen, waschen, längs vierteln, entkernen und in etwa 1 cm breite Scheiben schneiden. Die Tomaten waschen und halbieren. Die Paprika halbieren, putzen, waschen und quer in feine Streifen schneiden. Die Frühlingszwiebeln putzen, waschen und in dünne Ringe schneiden. Die Avocado halbieren und den Kern entfernen, das Avocadofleisch aus den Schalen lösen, würfeln und sofort mit Zitronensaft beträufeln, damit es sich nicht bräunlich verfärbt. Die Petersilie waschen, trocken tupfen, Blätter abzupfen und fein hacken.

+ Für die Vinaigrette Essig, Senf, Salz, Pfeffer und Öl in einer Salatschüssel gründlich verrühren und Linsen und Gemüse – bis auf die Avocado – untermischen. Zuletzt Avocadowürfel und Petersilie vorsichtig unterheben und den Salat auf Tellern anrichten.

Bohnensalat mit Radieschen

+ Bohnen in ein Sieb abgießen, dabei 50 ml Sud auffangen. Bohnen abbrausen und abtropfen lassen. Zucchini putzen, waschen, längs halbieren und in etwa 1 cm dicke Scheiben schneiden. Radieschen putzen und waschen, vom Grün 1 Handvoll Blätter zum Garnieren beiseitelegen. Radieschen in dünne Scheiben schneiden. Schnittlauch waschen, trocken tupfen und in feine Röllchen schneiden. Chili längs halbieren, putzen, waschen und quer in feine Streifen schneiden.

+ Für das Dressing den aufgefangenen Bohneneinlegesud mit Essig, Salz und Pfeffer verrühren und nach und nach 4 EL Öl unterschlagen. Die Chilistreifen untermischen.

+ Zucchini in einer Grillpfanne im übrigen Öl bei mittlerer Hitze unter Wenden etwa 5 Minuten hell braten, salzen und pfeffern. Zucchini, Bohnen, Radieschen und zwei Drittel des Schnittlauchs unter das Dressing mischen. Radieschengrün zerpflücken und vorsichtig unterheben. Den Salat auf Tellern mit übrigem Schnittlauch anrichten.

Für 2 Personen
Zubereitung: 25 Minuten

1 Dose weiße Riesenbohnen (ca. 240 g Abtropfgewicht)
2 Zucchini (à ca. 175 g)
1 Bund Radieschen
½ Bund Schnittlauch
1 rote Chilischote
2 EL Weißweinessig
Salz, Pfeffer aus der Mühle
5 EL Olivenöl

Pro Portion: ca. 360 kcal, 11 g EW, 26 g F, 17 g KH, 6 g BST

Zoodles mit Sellerie-Nuss-Pesto

Für 2 Personen
Zubereitung: 25 Minuten

300 g grüne Zucchini
300 g gelbe Zucchini
30 g Walnusskerne
20 g Pinienkerne
150 g Staudensellerie (am besten mit Blättern)
5 Stiele Petersilie
1 kleine Knoblauchzehe
40 g Pecorino (am Stück)
½ Bio-Zitrone
4 EL Olivenöl
Salz, Pfeffer aus der Mühle

Pro Portion: ca. 490 kcal, 18 g EW, 42 g F, 9 g KH, 5 g BST

+ Die Zucchini putzen, waschen und mit dem Spiralschneider in dünne Gemüsespaghetti schneiden. (Alternativ die Zucchini mit einem Messer oder auf der Gemüsereibe längs erst in dünne Scheiben, dann in feine Streifen schneiden.)

+ Die Walnüsse grob hacken, mit den Pinienkernen in einer Pfanne ohne Fett bei mittlerer Hitze rösten. Herausnehmen und abkühlen lassen. Den Sellerie putzen und waschen, die Blätter beiseitelegen, die Stangen in kleine Stücke schneiden. Die Petersilie waschen, trocken tupfen, die Blätter abzupfen und grob hacken. Den Knoblauch schälen und in grobe Würfel schneiden. Den Pecorino fein reiben. Die Zitrone heiß waschen, abtrocknen, die Schale fein abreiben und 2 TL Zitronensaft auspressen.

+ Für das Pesto Sellerie, Sellerieblätter (bis auf ein paar Blätter zum Garnieren), Petersilie, Knoblauch, 40 g Nuss-Mix und 30 g Käse in den Blitzhacker geben. 2 EL Öl hinzufügen und alles zu einem cremigen Pesto mixen. Das Pesto mit Zitronenschale und -saft, Salz und Pfeffer abschmecken.

+ In einer großen beschichteten Pfanne das übrige Öl erhitzen und die Zucchini-„Spaghetti“ darin bei mittlerer bis starker Hitze unter Wenden 2 bis 3 Minuten braten. Vom Herd nehmen, zwei Drittel des Pestos dazugeben und gleichmäßig untermischen, die Zoodles mit Salz und Pfeffer abschmecken.

+ Zum Servieren die Zoodles auf tiefe Teller verteilen und mit der übrigen Nussmischung und dem restlichen Käse bestreuen. Zuletzt mit dem Selleriegrün garnieren.

Gratinierter Ziegenkäse mit Ratatouille

Für 2 Personen
Zubereitung: 35 Minuten
Grillen: 5 Minuten

1 kleine Zwiebel
1 Knoblauchzehe
1 kleine Aubergine (ca. 200 g)
1 Zucchini (ca. 150 g)
je 1 kleine rote und gelbe Paprikaschote
2 Tomaten
3 EL Olivenöl
Salz, Pfeffer aus der Mühle
1 Ziegenweichkäserolle (ca. 150 g)
4 Zweige Thymian
3 TL flüssiger Honig
40 g schwarze Oliven (in Lake; ohne Stein)
4 Stiele Petersilie
1 Zweig Rosmarin

Pro Portion: ca. 540 kcal, 20 g EW, 41 g F, 19 g KH, 7 g BST

+ Zwiebel und Knoblauch schälen und fein würfeln. Aubergine und Zucchini putzen, waschen und etwa 1 cm groß würfeln. Paprika halbieren, putzen, waschen und ebenfalls klein würfeln. Tomaten waschen und klein schneiden, dabei Kerne und Stielansätze entfernen.

+ In einer großen Pfanne 2 EL Öl erhitzen und Zwiebel und Knoblauch darin bei mittlerer Hitze 2 bis 3 Minuten braten. Aubergine, Zucchini und Paprika dazugeben und etwa 2 Minuten mitbraten. Die Tomaten hinzufügen, alles salzen und pfeffern und offen bei mittlerer Hitze noch 5 bis 6 Minuten bissfest garen, dabei ab und zu umrühren.

+ Inzwischen den Backofengrill einschalten. Die Ziegenkäserolle in 6 Scheiben schneiden und nebeneinander in eine Auflaufform legen. Den Thymian waschen, trocken tupfen, grob zerzupfen und auf den Käse legen, alles mit Honig und übrigem Öl beträufeln. Den Ziegenkäse unter dem Backofengrill auf der obersten Schiene 3 bis 5 Minuten hell gratinieren. Herausnehmen und auf Tellern anrichten.

+ Währenddessen die Oliven abtropfen lassen und unter das Ratatouille mischen, mit Salz und Pfeffer abschmecken. Petersilie und Rosmarin waschen, trocken tupfen, die Blätter bzw. Nadeln abzupfen und fein hacken. Zum Servieren das Ratatouille zum Ziegenkäse setzen und mit den Kräutern bestreuen.

Die Ernährungs-Docs

Jeden Tag Mittelmeer? Zumindest auf dem Teller sollte das Ihr Motto werden. Denn wer konsequent auf die mediterrane Ernährung setzt, erhält nicht nur seinen Körper, sondern auch seinen Geist gesund. Studien haben gezeigt, dass sich mit Mittelmeerkost der Ausbruch von Alzheimer hinauszögern und Demenz verlangsamen lässt.

Salt

Brain Food zum Trinken

Mit fünf Zutaten blitzschnell gemixt: Diese cremig-feinen Smoothies kurbeln die Gehirnleistung an und versorgen uns optimal mit Energie und wichtigen Vitaminen, Antioxidanzien und sekundären Pflanzenstoffen. Davon profitiert unsere Gesundheit auch ganz allgemein!

Mandel-Minze-Lassi

Für 2 Gläser (à ca. 350 ml): **30 g geschälte Mandeln** grob hacken. **3 Stiele Minze** waschen, trocken tupfen und die Blätter abzupfen. Beides mit **200 g veganem Kokosjoghurt, 400 ml ungesüßtem Mandeldrink** und **½ TL Zimtpulver** in den Standmixer geben. Nach Belieben **8 Eiswürfel** (ca. 100 g) oder 100 ml kaltes Wasser hinzufügen und alles erst auf niedriger, dann auf höchster Stufe fein-cremig pürieren. Zum Servieren auf Gläser verteilen.

Zubereitung: 10 Minuten
Pro Glas: ca. 220 kcal,
6 g EW, 18 g F, 6 g KH, 4 g BST

Möhren-Buttermilch-Shake

Für 2 Gläser (à ca. ¼ l): **1 Möhre** (ca. 100 g) putzen, schälen und auf der Gemüsereibe grob raspeln. Mit **2 EL zarten Haferflocken, 100 ml Möhrensaft, 300 ml Buttermilch** (max. 1 % Fett) sowie **1 EL Walnussöl** im Standmixer erst auf niedriger, dann auf höchster Stufe möglichst fein pürieren. Sollte der Shake zu fest sein, noch etwas Wasser untermixen. Zum Servieren auf Gläser verteilen.

Zubereitung: 10 Minuten
Pro Glas: ca. 165 kcal,
7 g EW, 6 g F, 17 g KH, 2 g BST

Grünkohl-Orangen-Smoothie

Für 2 Gläser (à ca. 300 ml): **100 g jungen Grünkohl** verlesen, waschen und grob hacken. **1 große Orange** so schälen, dass die weiße Haut etwa zur Hälfte mit entfernt wird. Das Orangenfruchtfleisch klein schneiden. **2 Datteln** (z. B. Medjoul) entsteinen und grob würfeln. Alles mit **30 g Cashewmus, ½ TL gemahlener Vanille** und ¼ l kaltem Wasser im Standmixer erst auf niedriger, dann auf höchster Stufe fein-cremig pürieren. Zum Servieren den Smoothie auf Gläser verteilen.

Zubereitung: 10 Minuten
Pro Glas: ca. 230 kcal,
6 g EW, 8 g F, 29 g KH, 7 g BST

Gemüse-Kefir-Smoothie

Für 2 Gläser (à ca. ¼ l): **1 rote Spitzpaprikaschote** (ca. 100 g) längs halbieren, putzen, waschen und grob schneiden. **1 Stange Staudensellerie** putzen, waschen und klein schneiden. **100 g Cocktailtomaten** waschen und halbieren. Alles mit **200 ml Kefir** (1,5 % Fett), **1 EL Olivenöl,** 50 ml kaltem Wasser, **Salz** und **¼ TL rosenscharfem Paprikapulver** im Standmixer erst auf niedriger, dann auf höchster Stufe fein pürieren. Zum Servieren auf Gläser verteilen.

Zubereitung: 15 Minuten
Pro Glas: ca. 140 kcal,
5 g EW, 9 g F, 7 g KH, 2 g BST

Bohnen-Brot-Salat mit Thunfisch

Für 2 Personen
Zubereitung: 45 Minuten

300 g grüne Bohnen
Salz
200 g Cocktailtomaten
1 Schalotte
1 Dose Thunfisch (ca. 185 g Abtropfgewicht; im eigenen Saft; aus nachhaltiger Fischerei)
4 Sardellenfilets (in Salzlake)
2 EL Weißweinessig
Pfeffer aus der Mühle
6 EL Olivenöl
75 g Vollkornbaguette
1 Knoblauchzehe
2 Stiele Basilikum
1 EL Zitronensaft

Pro Portion: ca. 570 kcal, 37 g EW, 32 g F, 28 g KH, 7 g BST

+ Die Bohnen putzen, waschen und in kochendem Salzwasser etwa 5 Minuten blanchieren. In ein Sieb abgießen, kalt abschrecken und abtropfen lassen. Inzwischen die Tomaten waschen und halbieren. Die Schalotte schälen und in feine Ringe schneiden. Den Thunfisch abtropfen lassen und grob zerzupfen. Die Sardellenfilets kurz abbrausen, trocken tupfen und grob in Stücke schneiden.

+ Für die Vinaigrette Essig, 2 EL Wasser, Salz und Pfeffer in einer Salatschüssel verrühren und 4 EL Öl unterschlagen. Bohnen, Tomaten, Schalotte, Thunfisch und Sardellen mit der Vinaigrette mischen und etwa 10 Minuten ziehen lassen.

+ Inzwischen das Baguette etwa 2 cm groß würfeln. Den Knoblauch schälen und fein würfeln. Das übrige Öl in einer Pfanne erhitzen und die Brotwürfel darin bei mittlerer Hitze etwa 5 Minuten rundum hell rösten. Dann den Knoblauch dazugeben und kurz mitbraten. Die Brotwürfel unter den Salat heben und alles mit Pfeffer würzen.

+ Zum Servieren das Basilikum waschen, trocken tupfen, die Blätter abzupfen und grob hacken. Den Salat auf Tellern anrichten, mit Basilikum garnieren und mit Zitronensaft beträufeln.

Die Ernährungs-Docs

Grüne Bohnen gibt es rund ums Jahr – und das ist gut so. Denn mit ihrem Schatz an B-Vitaminen schenken sie uns eine ordentliche Portion Nerven-Power. Bis auf Vitamin B12 enthalten grüne Bohnen sämtliche B-Vitamine in nennenswerten Mengen. Damit beschleunigen sie die Weiterleitung von Nervensignalen und helfen unserem Gehirn, mehr Energie bereitzustellen.

Lauwarmer Kartoffelsalat mit Makrele

Für 2 Personen
Zubereitung: 35 Minuten
Ziehen: 30 Minuten

250 g kleine festkochende Kartoffeln (z. B. Drillinge)
Salz
½ Bund Dill
2 EL Zitronensaft
100 ml Gemüsebrühe
Pfeffer aus der Mühle
1 TL körniger Senf
4 EL Olivenöl
150 g Rote Bete (vorgegart und vakuumiert)
100 g tiefgekühlte Erbsen
2 Frühlingszwiebeln
1 kleiner säuerlicher Apfel (z. B. Elstar)
1–2 EL Apfelessig
1 geräucherte Makrele (ca. 300 g; mit Haut)

Pro Portion: ca. 680 kcal, 22 g EW, 43 g F, 44 g KH, 8 g BST

+ Die Kartoffeln gründlich waschen und samt Schale in einem Topf in Salzwasser mit geschlossenem Deckel 20 bis 25 Minuten garen. Dill waschen, trocken tupfen, Spitzen abzupfen und hacken. Für das Dressing Zitronensaft, Brühe, Salz, Pfeffer, Senf und 3 EL Öl verrühren und die Hälfte des Dills dazugeben. Kartoffeln abgießen und kurz ausdampfen lassen, nach Belieben pellen, noch warm in Scheiben schneiden und mit dem Dressing mischen. 30 Minuten ziehen lassen.

+ Währenddessen die Rote Bete etwa 1 cm groß würfeln (Achtung, sie färbt stark ab!). Die Erbsen mit kochend heißem Wasser übergießen, etwa 5 Minuten ziehen lassen, in ein Sieb abgießen und abtropfen lassen. Frühlingszwiebeln putzen, waschen und in dünne Ringe schneiden. Den Apfel waschen, vierteln, entkernen und fein würfeln.

+ Zum Servieren Gemüse, Apfel und übriges Öl unter die Kartoffeln mischen und den Salat mit Salz, Pfeffer und Essig abschmecken. Die Makrele häuten und die Filets vorsichtig ablösen. Den Salat mit je 1 Fischfilet auf Tellern anrichten und mit restlichem Dill bestreuen.

Linsen-Bowl mit Matjes und Meerrettichdip

+ Linsen in einem Sieb abbrausen und in kochendem Wasser ohne Salz (!) bei schwacher Hitze 20 bis 25 Minuten bissfest garen. In ein Sieb abgießen, kalt abschrecken und abtropfen lassen. Zwiebel schälen und würfeln. Beide Essigsorten, Öl, 2 EL Wasser, Salz und Pfeffer mit Zwiebel und Linsen mischen, etwa 10 Minuten ziehen lassen.

+ Wirsing putzen, waschen und harten Strunk entfernen. Wirsing in Streifen schneiden und in kochendem Salzwasser etwa 2 Minuten blanchieren. In ein Sieb abgießen, kalt abschrecken und abtropfen lassen. Möhren putzen, schälen und in Scheiben schneiden. Paprika längs halbieren, putzen, waschen und quer in Streifen schneiden.

+ Matjes trocken tupfen und schräg in etwa 2 cm breite Streifen schneiden. Joghurt und Meerrettich verrühren und mit Salz und Pfeffer würzen. Kresse vom Beet abschneiden, waschen und trocken tupfen. Linsen auf Schalen (Bowls) verteilen und Wirsing, Möhren, Paprika, Matjes und Meerrettichdip daraufsetzen. Mit Kresse garnieren.

Für 2 Personen
Zubereitung: 50 Minuten

100 g Berglinsen
1 kleine rote Zwiebel
2 EL Rotweinessig
1 EL Aceto balsamico
2 EL Olivenöl
Salz, Pfeffer aus der Mühle
200 g Wirsing
2 kleine Möhren (ca. 125 g)
1 rote Spitzpaprikaschote
150 g Matjesfilets
150 g Joghurt (3,5 % Fett)
2 TL frisch geriebener Meerrettich (ersatzweise aus dem Glas)
½ Beet Kresse

Pro Portion: ca. 570 kcal, 30 g EW, 31 g F, 34 g KH, 14 g BST

Nizza-Salat mit Lachs und Ei

Für 2 Personen
Zubereitung: 30 Minuten

200 g gegarte festkochende Pellkartoffeln (vom Vortag)
120 g tiefgekühlte Prinzessbohnen
Salz
2 Tomaten
1 kleine rote Zwiebel
2 Eier (Größe M)
100 g gemischte Blattsalate (z. B. Kopfsalat und Radicchio)
4 Sardellenfilets (in Salzlake)
40 g schwarze Oliven (in Lake; ohne Stein)
2 Stiele Estragon (ersatzweise Basilikum)
200 g Lachsfilet
4 EL Olivenöl
Pfeffer aus der Mühle
4 EL Weißweinessig
1–2 TL scharfer Senf

Pro Portion: ca. 650 kcal, 37 g EW, 43 g F, 23 g KH, 6 g BST

+ Die Kartoffeln pellen und je nach Größe halbieren oder vierteln. Die Bohnen in kochendem Salzwasser etwa 2 Minuten blanchieren, in ein Sieb abgießen, kalt abschrecken und abtropfen lassen. Die Tomaten waschen und in Spalten schneiden, dabei die Stielansätze entfernen. Die Zwiebel schälen, halbieren und in feine Streifen schneiden.

+ Die Eier in kochendem Wasser 8 Minuten hart kochen, kalt abschrecken und abkühlen lassen. Salate verlesen, waschen, trocken schleudern und in mundgerechte Stücke zerpflücken. Sardellen kurz abbrausen, trocken tupfen und klein schneiden. Oliven abtropfen lassen und halbieren. Den Estragon waschen, trocken tupfen, die Blätter abzupfen und grob hacken.

+ Den Lachs waschen, trocken tupfen und etwa 2 cm groß würfeln. 2 EL Öl mit Salz und Pfeffer verrühren, die Lachswürfel darin wenden und etwa 10 Minuten marinieren. Inzwischen in einer Salatschüssel Essig, 2 EL Wasser, Senf und übriges Öl zu einer Vinaigrette verrühren und Sardellen, Oliven und Estragon untermischen.

+ Eine beschichtete Pfanne erhitzen und die marinierten Lachswürfel darin bei mittlerer Hitze 3 bis 4 Minuten unter Wenden rundum goldbraun anbraten. Kartoffeln, Bohnen, Tomaten, Zwiebel und Salate zur Vinaigrette geben und vorsichtig untermischen. Zum Servieren den Salat auf Tellern anrichten. Eier pellen, vierteln und mit dem Lachs auf dem Salat verteilen.

Die Ernährungs-Docs

Unumstritten ist fettreicher Fisch aus kaltem Meerwasser – wie etwa Lachs, Makrele, Hering oder Sardelle – die beste Quelle für Omega-3-Fettsäuren. Versuchen Sie daher, einmal pro Woche einen dieser Fische auf den Teller zu bringen! Die ungesättigten Fettsäuren wirken im Körper antientzündlich und fördern die Gehirnentwicklung.

Putenschinken mit Kohlrabi-Sellerie-Topping

Für 2 Personen
Zubereitung: 20 Minuten

20 g Kürbiskerne
1 Stange Staudensellerie (ca. 100 g)
½ junger Kohlrabi (ca. 150 g)
4 Stiele Dill
4 Stiele Petersilie
1 EL Weißweinessig
1 EL Aceto balsamico bianco
Salz, Pfeffer aus der Mühle
1 EL Olivenöl
1 EL Kürbiskernöl
2 TL kleine Kapern (z. B. Nonpareilles)
150 g Putenbrustaufschnitt (in dünnen Scheiben)

Pro Portion: ca. 260 kcal, 22 g EW, 16 g F, 5 g KH, 3 g BST

+ Die Kürbiskerne in einer kleinen Pfanne ohne Fett hell rösten, bis sie anfangen zu knistern. Vom Herd nehmen und abkühlen lassen.

+ Den Sellerie putzen und waschen, den Kohlrabi schälen. Beides etwa ½ cm groß würfeln. Dill und Petersilie waschen, trocken tupfen, die Spitzen bzw. Blätter abzupfen und fein hacken. Für die Vinaigrette beide Essigsorten, Salz und Pfeffer mit beiden Ölsorten in einer Salatschüssel verrühren. Die Kapern abtropfen lassen, mit Gemüse und Kräutern unter die Vinaigrette mischen.

+ Die Putenbrustscheiben locker auf Tellern anrichten und das Kohlrabi-Sellerie-Topping darüber verteilen, zuletzt alles mit den Kürbiskernen bestreuen. Dazu passt Vollkornbrot.

Tipp: Für eine Sonntagsversion können Sie den Putenbrustaufschnitt durch die gleiche Menge hauchdünne Scheiben Roastbeef ersetzen.

Geflügelbällchen auf Tomaten-Gurken-Salat

+ Zwiebel und Knoblauch schälen, fein würfeln und in einer kleinen Pfanne in ½ EL Öl bei mittlerer Hitze andünsten, vom Herd nehmen. Fleisch waschen, trocken tupfen, grob würfeln und portionsweise im Blitzhacker nicht zu fein zerkleinern. Mit Ei, Joghurt, Zwiebel, Knoblauch, Petersilie, Semmelbröseln, Salz und Pfeffer gut verkneten.

+ Aus der Masse mit angefeuchteten Händen 10 bis 12 Bällchen formen. In einer beschichteten Pfanne 2 EL Öl erhitzen und die Bällchen darin bei mittlerer Hitze 5 bis 6 Minuten rundum goldbraun braten. Herausnehmen, auf Küchenpapier abtropfen lassen.

+ Inzwischen die Gurken putzen, waschen und in Scheiben schneiden. Tomaten waschen und halbieren. Rucola verlesen, waschen und trocken schütteln, grobe Stiele entfernen. Für die Vinaigrette Essig, Salz, Pfeffer und übriges Öl in einer Schüssel verrühren und Gurken, Tomaten und Rucola unterheben. Die Geflügelbällchen mit dem Salat auf Tellern anrichten und mit den Sonnenblumenkernen bestreuen.

Für 2 Personen
Zubereitung: 40 Minuten

1 kleine Zwiebel
1 kleine Knoblauchzehe
4½ EL Olivenöl
250 g Hähnchenbrustfilet
1 Ei (Größe M)
1 EL Joghurt (3,5 % Fett)
2 EL gehackte Petersilie
2 EL Vollkorn-Semmelbrösel
Salz, Pfeffer aus der Mühle
2 Mini-Salatgurken
200 g Cocktailtomaten
40 g Rucola
2 EL Aceto balsamico
1 EL Sonnenblumenkerne

Pro Portion: ca. 480 kcal, 38 g EW, 28 g F, 16 g KH, 4 g BST

Spitzkohl-Papaya-Salat mit Asia-Hähnchen

Für 2 Personen
Zubereitung: 35 Minuten

2 Hähnchenbrustfilets
(à ca. 160 g)
2 EL helles Sesamöl
4 EL Sojasauce (z. B. Tamari)
250 g Spitzkohl
Salz
1 Mini-Salatgurke
250 g Papaya
4 EL Limettensaft
1 TL brauner Rohrohrzucker
1 rote Chilischote
1 rote Zwiebel
½ getr. Nori-Algenblatt
(ersatzweise 1 EL Nori-Flocken)
6 Stiele Koriandergrün
25 g ungesalzene Erdnusskerne

Pro Portion: ca. 470 kcal,
48 g EW, 19 g F, 21 g KH, 8 g BST

+ Die Hähnchenbrustfilets waschen und trocken tupfen. In einer Pfanne 1 EL Öl erhitzen und die Hähnchenbrustfilets darin bei mittlerer Hitze auf jeder Seite etwa 2 Minuten goldbraun anbraten. Mit 3 EL Sojasauce und 100 ml Wasser ablöschen und mit geschlossenem Deckel bei schwacher bis mittlerer Hitze noch etwa 10 Minuten garen.

+ Inzwischen den Spitzkohl putzen, waschen und den harten Strunk entfernen. Den Spitzkohl in etwa ½ cm dünne Streifen schneiden, mit etwas Salz bestreuen und mit den Händen etwa 2 Minuten verkneten.

+ Die Gurke putzen, waschen, längs halbieren und schräg in dünne Scheiben schneiden. Die Papaya halbieren und die Kerne entfernen, das Fruchtfleisch in dünne Scheiben schneiden.

+ Für das Dressing Limettensaft, Rohrohrzucker, übriges Öl und restliche Sojasauce in einer Salatschüssel verrühren. Die Chilischote halbieren, entkernen, waschen und klein würfeln. Zwiebel schälen, halbieren und in feine Streifen schneiden. Das Nori-Blatt grob in Stücke schneiden und im Blitzhacker zu Flocken zerkleinern oder im Mörser zerstoßen. Alle vorbereiteten Zutaten – bis auf das Fleisch – zum Dressing geben und gut mischen, den Salat etwa 15 Minuten ziehen lassen.

+ Zum Servieren den Koriander waschen, trocken tupfen und die Blätter abzupfen. Die Erdnüsse grob hacken. Das Fleisch aus dem Garsud nehmen, abtropfen lassen und schräg in Scheiben schneiden. Auf Tellern anrichten und mit etwas Garsud beträufeln. Den Salat dazusetzen und alles mit Erdnüssen und Koriander bestreuen.

Süßes mit Kaffee & Schokolade

Von cremiger Mousse bis zu Energy Balls mit Crunch: Kaffee und Schokolade geben hier den Ton an und sind mehr als nur Muntermacher oder Begleiter zum Frühstück. Sie enthalten Koffein, das in unserem Gehirn die Durchblutung fördert – und uns selbst zu Höchstleistungen anregt.

Kaffee-Schoko-Brownies

Für 20 Stück: Den Backofen auf 180 °C vorheizen. Einen Backrahmen (25 × 20 cm) leicht mit **Öl** einfetten und auf ein mit Backpapier belegtes Blech stellen. **150 g Bitterschokolade** (mind. 70 % Kakaoanteil) in Stücke brechen und mit **150 g Butter** in einer Metallschüssel über dem heißen Wasserbad unter Rühren schmelzen. Leicht abkühlen lassen. **3 Eier** (Größe M) und **150 g braunen Rohrohrzucker** mit den Quirlen des Handrührgeräts schaumig schlagen, dann nach und nach die Schokoladenbutter unterziehen. **150 g Dinkelmehl (Type 1050), 50 g gemahlene Mandeln, ¼ TL gemahlene Vanille** und **30 g Kaffeepulver** mischen, über die Eier-Schoko-Masse geben und mit einem Teigschaber zügig unterheben. Den Teig in den Backrahmen füllen, glatt streichen und im Ofen auf der mittleren Schiene 30 bis 35 Minuten backen. Herausnehmen und abkühlen lassen, in 20 Quadrate schneiden und fein mit **Kakaopulver** (schwach entölt) bestäuben.

Zubereitung: 25 Minuten, Backen: 35 Minuten
Pro Stück: ca. 180 kcal,
4 g EW, 10 g F, 17 g KH, 3 g BST

Die Ernährungs-Docs

Mit Kaffee, Espresso und Bitterschokolade (mind. 70 % Kakaoanteil) pushen Sie das Oberstübchen gleich mehrfach: Zum einen macht uns Koffein wach und konzentriert (siehe Seite 34), zum anderen wird der Spiegel des Glückshormons Serotonin im Gehirn erhöht (siehe Seite 20). Was Bitterschokolade zusätzlich noch kann: dank Theobromin das zentrale Nervensystem stimulieren und die Gefäße erweitern sowie mithilfe von bestimmten Polyphenolen die Aktivität verschiedener Gehirnareale erhöhen und unser Kurzzeitgedächtnis fördern.

Caffè-Latte-Mousse

Für 4 Tassen oder Förmchen (à ca. 150 ml): Die Tassen leicht mit **Öl** einfetten. **1 Vanilleschote** längs aufschneiden und das Mark herauskratzen, mit **200 ml ungesüßtem Mandeldrink, 200 g veganer Mandel-Cuisine, 1 TL Agar-Agar** und **50 g braunem Rohrohrzucker** in einem Topf bei mittlerer Hitze unter Rühren aufkochen. **100 ml frisch gebrühten Espresso** hinzufügen und alles noch etwa 2 Minuten köcheln lassen. Die Masse auf die Tassen verteilen und vollständig abkühlen lassen. Dann im Kühlschrank noch mind. 2 Stunden fest werden lassen. Mit **2 TL Granatapfelkernen** garnieren.

Zubereitung: 15 Minuten, Kühlen: 2 Stunden
Pro Portion: ca. 160 kcal,
2 g EW, 10 g F, 14 g KH, 1 g BST

Espresso-Energy-Balls

Für 12 Stück: **75 g Datteln** (z. B. Medjoul) entsteinen und in kleine Stücke schneiden. Mit **je 50 g Mandeln und Walnusskernen, 1 EL Kakaopulver** (schwach entölt) und **3 TL dunklem Mandelmus** im Blitzhacker zu einer homogenen Masse pürieren. **30 g Espressobohnen** dazugeben und kurz untermixen. Von der Masse mit einem Teelöffel 12 kleine Portionen abstechen und jede Portion mit angefeuchteten Händen zu einer Kugel formen. Je 4 Energy Balls in **1 TL Instant-Espressopulver, Kakaopulver** (schwach entölt) oder **Kokosraspeln** wälzen. Vor dem Servieren etwa 1 Stunde kühl stellen. Im Kühlschrank halten sich die Balls 3 bis 4 Wochen.

Zubereitung: 20 Minuten, Kühlen: 1 Stunde
Pro Stück: ca. 90 kcal,
2 g EW, 7 g F, 5 g KH, 2 g BST

Desserts mit grünem Tee

Mit grünem Tee in Pannacotta, Granité oder Eiscreme sorgen Sie für süße Überraschungen – und liefern gleich eine gute Portion Antioxidanzien mit. Das Koffein im Grüntee wirkt stärker und langsamer als das im Kaffee, es macht uns wach und fokussiert und steigert unsere Denkleistung.

Jasmin-Pannacotta

Für 4 Förmchen (à ca. 125 ml): Am Vortag in einem Topf **300 g Sahne** mit **30 g braunem Rohrohrzucker** und **1 TL Agar-Agar** aufkochen und bei schwacher Hitze etwa 2 Minuten köcheln lassen. Dann vom Herd nehmen und etwa 5 Minuten abkühlen lassen. **10 g losen Jasmin-Grüntee** einrühren und etwa 10 Minuten ziehen lassen. Anschließend die Teesahne durch ein Sieb abgießen und die Teeblätter gut ausdrücken. **200 g Joghurt (1,5 % Fett)** unter die aufgefangene Teesahne rühren. Die Masse auf die Förmchen verteilen und abgedeckt im Kühlschrank 5 bis 6 Stunden, am besten über Nacht, fest werden lassen. Am nächsten Tag **300 g Erdbeeren** waschen, putzen und trocken tupfen. Die Hälfte der Beeren in einem hohen Rührbecher mit **1 TL Zitronensaft** fein pürieren, den Rest vierteln. Zum Servieren die Pannacotta auf Teller stürzen und mit Erdbeerpüree und Erdbeeren garnieren.

Zubereitung: 35 Minuten,
Kühlen: 6 Stunden (über Nacht)
Pro Portion: ca. 320 kcal,
5 g EW, 25 g F, 16 g KH, 3 g BST

Die Ernährungs-Docs

Neben Koffein punktet Grüntee mit Catechin, einem wertvollen Bitterstoff. Er soll die Bildung neuer Nervenzellen im Hippocampus anregen, jenem Teil des Gehirns, der fürs Erinnern und Lernen zuständig ist. Zudem hält Catechin die Ansammlung der gefürchteten Amyloid-Plaques im Gehirn auf, die mitverantwortlich für die Entstehung von Alzheimer und Parkinson sind (siehe Seite 24).

Grüntee-Granité

Für 4 Gläser (à ca. 300 ml): ½ l Wasser aufkochen, 5 Minuten abkühlen lassen und damit **2 TL losen Grüntee** in einer Kanne aufgießen. Den Tee 2 bis 3 Minuten ziehen lassen, dann durch ein Sieb abgießen und mit **2 EL Limettensaft, 50 g braunem Rohrohrzucker** und **½ TL Ingwerpulver** verrühren. Tee-Mix abkühlen lassen. Dann ein gefriergeeignetes Gefäß füllen und im Tiefkühlgerät 5 bis 6 Stunden gefrieren. Dabei erst nach etwa 1½ Stunden, später alle 45 Minuten mit einer Gabel durchrühren. Zum Servieren **250 g griech. Joghurt (10 % Fett)** mit **1 TL abgeriebener Bio-Limettenschale** verrühren und auf die Gläser verteilen. Die Granité daraufsetzen und mit **Minzeblättern** garnieren.

Zubereitung: 20 Minuten, Tiefkühlen: 6 Stunden
Pro Portion: ca. 135 kcal,
2 g EW, 6 g F, 16 g KH, 1 g BST

Spinat-Matcha-Eis

Für 4 Personen: **1 Banane** schälen, grob schneiden und mit **2 TL Limettensaft** beträufeln. **1 Mango** (ca. 400 g) schälen und 100 g klein würfeln, den Rest grob schneiden. **100 g jungen Spinat** verlesen, waschen und trocken schütteln. **2 Stiele Minze** waschen, trocken tupfen und die Blätter abzupfen. Alles – bis auf die Mangowürfel – mit **200 ml Kokosmilch, 2 TL Matcha-Grünteepulver** (Bioladen) und 100 ml Wasser im Standmixer fein pürieren. Die Masse in ein gefriergeeignetes Gefäß füllen und im Tiefkühlgerät mind. 5 Stunden gefrieren lassen, dabei alle 30 Minuten durchrühren. Zum Servieren das Eis in Schalen anrichten und mit den Mangowürfeln garnieren.

Zubereitung: 20 Minuten, Tiefkühlen: 5 Stunden
Pro Portion: ca. 195 kcal,
3 g EW, 12 g F, 18 g KH, 3 g BST

Entzündungshemmer auf einen Blick

Substanz		Wo steckt viel davon drin?	Tipp/Wirkung
Antioxidanzien*	**Vitamin C** Ascorbinsäure	Obst und Gemüse, vor allem: Paprika, Brokkoli, Rosenkohl, Grünkohl, Fenchel, Sanddorn, Hagebutte, Kiwi, Schwarze Johannisbeeren, Zitrusfrüchte	Vitamin C ist wasserlöslich und hitzeempfindlich, Gemüse also nur kurz dämpfen.
Antioxidanzien*	**Vitamin E** Tocopherole/-trienole	Pflanzenöle, vor allem Weizenkeimöl**, Olivenöl	Vitamin E ist recht hitzebeständig, übersteht großteils das Kochen.
Antioxidanzien*	**Polyphenole** Resveratrol, Flavonoide, Anthocyane	rotes/blaues/violettes Obst und Gemüse wie Äpfel, Beeren, Granatäpfel, Kirschen, Pflaumen; Oliven(öl), Soja; Getränke wie Grüntee, Kaffee, (dunkler) Kakao, Rotwein; viele Gewürze wie Oregano, Zimt	Diese Antioxidanzien kommen besonders in den Randschichten und Blättern von Pflanzen vor.
Antioxidanzien*	**Carotinoide** Lycopin; Beta-Carotin (Lebensmittelfarbstoff E 160)	Tomaten, Papaya, Grapefruit; Möhren, Feldsalat, Grünkohl, Wassermelonen	Reife Tomaten enthalten viel Lycopin, Dosentomaten und Tomatenmark noch mehr.
Curcumin (Lebensmittelfarbstoff E 100)		Currypulver, Kurkuma (Gelbwurz)	Curcumin kann Entzündungen im Körper lindern.
Capsaicin		Chili- und Paprikaschoten	Capsaicin wirkt schmerzlindernd und durchblutungsfördernd.
Omega-3-Fettsäuren ALA (Alpha-Linolensäure), DHA (Docosahexaensäure), EPA (Eicosapentaensäure)		Leinöl***, Chiaöl***, Hanföl***, Walnussöl, Rapsöl; Leinsamen, Walnüsse; fetter Seefisch wie Lachs, Hering, Makrele, Sardelle; Mikroalgen (Chlorella, Spirulina)	Omega-3-reiche Pflanzenöle niemals erhitzen und möglichst rasch verbrauchen!
Sulfide		Knoblauch und Zwiebeln	Antibakteriell, gefäßschützend
Mineralstoffe und Spurenelemente Magnesium, Zink, Eisen, Selen		ungezuckertes Kakaopulver, Sojaprodukte, Hülsenfrüchte, Mandeln, Sesam, Vollkorngetreide, Kürbiskerne, Spinat, Beerenobst, Geflügel, Lachs, dunkelgrünes Blattgemüse	Paranüsse sind gute Selenlieferanten – trotzdem möglichst nicht mehr als zwei davon pro Tag essen.

* Antioxidanzien sollten nicht in Form isolierter Präparate aufgenommen werden. Am besten wirken sie im Zusammenspiel mit den anderen natürlichen Inhaltsstoffen.

** Weizenkeimöl nur für die kalte Küche nutzen, da es hitzeempfindliche Fettsäuren enthält

*** Herstellung möglichst unter Ausschluss von Sauerstoff, Hitze und Licht (Oxygard-/Omega-Safe-Verfahren)

Die besten Mood Foods

Lebensmittel oder -gruppe	Wirken oder wirkt positiv auf unsere Psyche ...
Walnüsse	... weil sie eine Vorstufe von Serotonin enthalten und reich an Omega-3-Fettsäuren sind.
Hafer	... weil er Bausteine für das Glückshormon Noradrenalin liefert.
Lein- und Algenöl	... weil sie viele Omega-3-Fettsäuren enthalten, die wichtig sind für die Bildung von stimmungsaufhellenden Neurotransmittern.
Sojabohnen, Cashewkerne, Erdnüsse, Thunfisch, Huhn, Linsen, Eier und Haferflocken	... weil sie reich an Tryptophan sind und somit einen wichtigen Baustein für das Glückshormon Serotonin liefern.
Beeren (alle Sorten)	... weil sie dank ihrer Anthocyane (sekundäre Pflanzenstoffe) das Risiko für Depressionen senken.
Buchweizen, Quinoa, Liebstöckel, Petersilie	... weil sie Quercetin (bzw. Vorstufen davon) enthalten, ein Flavonoid, das eine antidepressive Wirkung hat.
Bitterschokolade (mind. 70 % Kakaoanteil)	... weil sie voller Antioxidanzien steckt, die die Stimmung bessern und die Produktion des Stresshormons Cortisol mindern.
Kurkuma	... weil sie der Hauptlieferant von Curcumin ist, einem sekundären Pflanzenstoff, dem eine stimmungsaufhellende Wirkung zugeschrieben wird.
Spinat, Mangold	... weil sie reich an Folsäure sind, einem Vitamin der B-Gruppe, das möglicherweise einen stimmungsmodulierenden Effekt hat.
Lein- und Chiasamen	... weil sie viele wertvolle Omega-3-Fettsäuren enthalten und dazu reich an Ballaststoffen sind, die eine präbiotische Wirkung auf die Darmflora haben. Damit unterstützen sie langfristig die Produktion von Glückshormonen.
Bohnen	... weil sie reich an Magnesium sind, einem Mineralstoff, der bei der Bildung von Serotonin aus Tryptophan eine Rolle spielt.
Sauermilchprodukte (wie Joghurt und Kefir)	... weil sie viele Probiotika enthalten, die für ein gesundes Darmmikrobiom sorgen und damit dafür, dass die Produktion von stimmungsstabilisierenden Botenstoffen normal ablaufen kann.
Fette Fluss- und Meeresfische (wie Aal oder Lachs)	... weil sie reich an ungesättigten Fettsäuren sind – und an GABA (Gamma-Amino-Buttersäure), die eine entspannende und beruhigende Wirkung hat.

Sachregister

Rezeptregister

K/L

M/N

WAS UNS WICHTIG IST:

Uns erreicht immer wieder die Bitte, in unseren Ernährungstipps doch komplett auf Fisch und Fleisch zu verzichten. Wir sind der Meinung, dass sie in Maßen grundsätzlich wertvolle Lebensmittel sein können. Allerdings ist es heute kaum noch möglich, Fisch und Fleisch mit gutem Gewissen zu konsumieren, da der ganz überwiegende Anteil nicht nachhaltig produziert wird. Wir raten dazu, so es dem Einzelnen möglich ist, beim Kauf auf Bioqualität und Umweltsiegel zu achten. Regelmäßig sollten Fisch und Fleisch nur an zwei Tagen in der Woche gegessen werden. Es gibt genug Rezepte in diesem Buch, um sich überwiegend vegetarisch zu ernähren.

Die Ernährungs-Docs

Dr. med. Viola Andresen ist Fachärztin für Innere Medizin und leitende Ärztin am Ikaneum, dem Fachinstitut für Darmgesundheit und Ernährung am Israelitischen Krankenhaus in Hamburg. Sie beschäftigt sich mit chronischen Verdauungsbeschwerden, funktionellen Magen-Darm-Erkrankungen sowie Ernährungs- und Palliativmedizin. Sie hat als Koordinatorin an der Erstellung der Deutschen Experten-Leitlinien für Reizdarmsyndrom und Chronische Obstipation mitgewirkt und engagiert sich in nationalen und internationalen Fachgesellschaften. Seit Januar 2023 verstärkt sie das Team der NDR-Ernährungs-Docs.

Dr. med. Jörn Klasen ist Facharzt für Innere Medizin mit Schwerpunkt Magen-, Darm- und Lebererkrankungen, Ernährungsmediziner sowie Arzt für Anthroposophische Medizin und Naturheilverfahren. Er kombiniert die konventionelle Medizin mit komplementärmedizinischen Methoden. Über 15 Jahre war er Chefarzt und zehn Jahre stellvertretender ärztlicher Direktor am Asklepios Westklinikum Hamburg. Seit 2015 ist er leitender Arzt des Zentrums für integrative Medizin am Medizinicum Hamburg. Er gilt als Experte für die Kombination von Schulmedizin und Naturheilkunde.

Dr. med. Matthias Riedl ist ärztlicher Direktor der von ihm 2008 gegründeten medicum Hamburg MVZ GmbH, die Diabetologie und Ernährungsmedizin mit neun angrenzenden Facharztrichtungen ganzheitlich verbindet. Der Internist, Diabetologe und Ernährungsmediziner ist außerdem als Publizist für Fachzeitschriften und Verlage, Dozent auf internationalen Kongressen und Lehrbeauftragter zweier Universitäten tätig. Im Vorstand des Bundesverbands Deutscher Ernährungsmediziner (BDEM e. V.) engagiert er sich für die Förderung der Ernährungstherapie. Das Magazin „Focus" nahm ihn 2013 in seine Empfehlungsliste „Top-Mediziner" auf.

Dr. med. Silja Schäfer ist Ärztin für Allgemeinmedizin und Ernährungsmedizin und führt eine Schwerpunktpraxis für Diabetes und Ernährung in Kiel. Als ehemalige Leistungssportlerin und Trainerin interessierte sie sich schon früh für gesunde Ernährung. Jetzt als Hausärztin liegt es ihr am Herzen, eine gesunde und gesunderhaltende Ernährungsweise für alle zu ermöglichen. Seit Januar 2020 ergänzt sie das Team der Ernährungs-Docs im NDR.

DAS TEAM

Franziska Pfeiffer arbeitet als Journalistin und Autorin für namhafte Verlage und Redaktionen. Nach ihrem Studium absolvierte sie die Henri-Nannen-Journalistenschule und hat sich auf medizinische und ernährungswissenschaftliche Themen spezialisiert.

Kathrin Burger hat Ökotrophologie studiert und spezialisierte sich dann bald auf die Wissenschaftskommunikation im Bereich Ernährung. Sie arbeitet als freie Journalistin für zahlreiche Verlage und Redaktionen. Ihre Schwerpunktthemen sind Gesundheit, Umwelt und Gesellschaft.

Martina Kittler, Ökotrophologin und Sportwissenschaftlerin, arbeitet seit vielen Jahren als freie Food- und Kochbuchautorin. Dabei liegen ihr die Themen Gesundheit, Kochen und Ernährung besonders am Herzen. Sie ist für namhafte Verlage und Redaktionen tätig und hat viele Bücher und Ratgeber veröffentlicht.

Claudia Timmann ist gelernte Fotografin und arbeitet seit 2010 freiberuflich in Hamburg. Sie ist deutschlandweit für Verlage und Redaktionen tätig. Ihren besonderen Schwerpunkt legt sie auf Food- und People-Fotografie. Bei den Foodfotos der „Ernährungs-Docs“ hat sie der Foodstylist Arno Lenz unterstützt.

HILFREICHE ADRESSEN

Deutsche Alzheimer Gesellschaft e. V.
Selbsthilfe Demenz
www.deutsche-alzheimer.de

Wegweiser Demenz
Bundesministerium für Familie, Senioren, Frauen und Jugend (Hrsg.)
www.wegweiser-demenz.de

Stiftung Dt. Depressionshilfe und Suizidprävention
www.deutsche-depressionshilfe.de

Fit im Alter – Gesund essen, besser leben
www.fitimalter.de

MigräneLiga e. V.
www.migraeneliga.de

Deutsche Parkinson-Vereinigung e. V.
www.parkinson-vereinigung.de

KOMPETENTE ERNÄHRUNGSBERATUNG

Bundesverband Deutscher Ernährungsmediziner e. V.
www.bdem.de

BerufsVerband Oecotrophologie e. V.
www.vdoe.de/beruf/vdoe-expertensuche

HINWEIS

Die Ratschläge in diesem Buch wurden mit größter Sorgfalt von Autoren und Verlag erarbeitet und geprüft. Eine Garantie kann jedoch nicht übernommen werden. Ebenso ist eine Haftung der Autoren bzw. des Verlags und seiner Beauftragten für Personen-, Sach- oder Vermögensschäden ausgeschlossen. Erkrankungen mit ernstem Hintergrund gehören in ärztliche Behandlung! Bei bereits bestehenden Beschwerden kann das Buch daher keinen fachärztlichen Rat ersetzen.

Literatur

Brackhan M et al.: Isotope-labeled amyloid-β does not transmit to the brain in a prion-like manner after peripheral administration. EMBO Rep. 2022 Jul 5; 23 (7): e54405. https://doi.org/10.15252/embr.202154405

Chu C et al.: Total Sleep Deprivation Increases Brain Age Prediction Reversibly in Multisite Samples of Young Healthy Adults. J Neurosci. 2023 Mar 22; 43 (12): 2168–2177. https://doi.org/10.1523/jneurosci.0790-22.2023

Davidson M et al.: The Role of Tryptophan Metabolites in Neuropsychiatric Disorders. Int. J. Mol. Sci. 2022 Sep 1; 23 (17): 9968. https://doi.org/10.3390/ijms23179968

Dupont Z et al.: Value-based routing of delayed intentions into brain-based versus external memory stores. J Exp Psychol Gen. 2023 Jan; 152 (1): 175–187. https://doi.org/10.1037/xge0001261

Fadó R et al.: Feeding the Brain: Effect of Nutrients on Cognition, Synaptic Function, and AMPA Receptors. Nutrients. 2022 Oct 5; 14 (19): 4137. https://doi.org/10.3390/nu14194137

Fitzgerald KN et at.: Potential reversal of epigenetic age using a diet and lifestyle intervention: a pilot randomized clinical trial. Aging (Albany NY). 2021 Apr 12; 13 (7): 9419–9432. https://doi.org/10.18632/aging.202913

Ghahreman M et al.: Vitamin D supplementation and incident dementia: Effects of sex, APOE, and baseline cognitive status. Alzheimers Dement (Amst). 2023 Mar 1; 15 (1): e12404. https://doi.org/10.1002/dad2.12404

Gibbons RD et al.: Association Between Folic Acid Prescription Fills and Suicide Attempts and Intentional Self-harm Among Privately Insured US Adults. JAMA Psychiatry. 2022 Nov 1; 79 (11): 1118–1123. https://doi.org/10.1001/jamapsychiatry.2022.2990

Hadjihambi A et al.: Partial MCT1 invalidation protects against diet-induced non-alcoholic fatty liver disease and the associated brain dysfunction. J Hepatol. 2023 Jan; 78 (1): 180-190. https://doi.org/10.1016/j.jhep.2022.08.008

Jacka FN et al.: A randomised controlled trial of dietary improvement for adults with major depression (the ‚SMILES' trial). BMC Med. 2017 Jan 30; 15 (1): 23. https://doi.org/10.1186/s12916-017-0791-y

Kaijun N et al.: A tomato-rich diet is related to depressive symptoms among an elderly population aged 70 years and over: a population-based, cross-sectional analysis. J Affect Disord. 2013 Jan 10; 144 (1–2): 165–70. https://doi.org/10.1016/j.jad.2012.04.040

Kandimalla R et al.: Is Alzheimer's disease a Type 3 Diabetes? A critical appraisal. Biochimica et Biophysica Acta (BBA) – Molecular Basis of Disease Vol. 1863, Issue 5. 2017 May: 1078–1089. https://doi.org/10.1016/j.bbadis.2016.08.018

Li Y et al.: Healthy lifestyle and life expectancy free of cancer, cardiovascular disease, and type 2 diabetes: prospective cohort study. BMJ. 2020 Jan 8; 368: l6669.
https://doi.org/10.1136/bmj.l6669

McEvoy CT et al.: Neuroprotective Diets Are Associated with Better Cognitive Function: The Health and Retirement Study. J Am Geriatr Soc. 2017 Aug; 65 (8): 1857–1862.
https://doi.org/10.1111/jgs.14922

Mentis AF et al.: Non-genetic risk and protective factors and biomarkers for neurological disorders: a meta-umbrella systematic review of umbrella reviews. BMC Medicine. 2021 Jan 13; 19: 6.
https://doi.org/10.1186/s12916-020-01873-7

Mitchell JJ et al.: Exploring the associations of daily movement behaviours and mid-life cognition: a compositional analysis of the 1970 British Cohort Study. J Epidemiol Community Health. 2023 Mar; 77 (3): 189–195.
https://doi.org/10.1136/jech-2022-219829

Pabst A et al.: Do self-reported hearing and visual impairments predict longitudinal dementia in older adults? J Am Geriatr Soc. 2021 Jun; 69 (6): 1519–1528.
https://doi.org/10.1111/jgs.17074

Sharmili ET et al.: Habitual daily intake of a sweet and fatty snack modulates reward processing in Humans. Cell Metab. 2023 Apr 4; 35 (4): 571–584.e6.
https://doi.org/10.1016/j.cmet.2023.02.015

Wang L et al.: Coffee and caffeine consumption and depression: A meta-analysis of observational studies. Aust N Z J Psychiatry. 2016 Mar; 50(3): 228–42.
https://doi.org/10.1177/0004867415603131

Wang Y et al.: Long-term Intake of Gluten and Cognitive Function Among US Women. JAMA Netw Open. 2021 May 3; 4 (5): e2113020.
https://doi.org/10.1001/jamanetworkopen.2021.13020

Wesselman LMP et al.: Dietary patterns are related to cognitive functioning in elderly enriched with individuals at increased risk for Alzheimer's disease. Eur J Nutr. 2021 Mar; 60 (2): 849–860.
https://doi.org/10.1007/s00394-020-02257-6

Witte V et al.: Long-Chain Omega-3 Fatty Acids Improve Brain Function and Structure in Older Adults. Cerebral Cortex, Vol. 24, Issue 11. 2014 Nov: 3059–3068.
https://doi.org/10.1093/cercor/bht163

Zelano Ch et al.: Nasal Respiration Entrains Human Limbic Oscillations and Modulates Cognitive Function. J Neurosci. 2016 Dec 7; 36 (49): 12448–12467.
https://doi.org/10.1523/jneurosci.2586-16.2016

ZU DEN AUTOR*INNEN

2015 schlug im NDR die Geburtsstunde einer bisher einzigartigen Fernsehreihe: Seither helfen die „Ernährungs-Docs" Menschen, die an ihren Gesundheitsproblemen beinahe verzweifeln. Für die erfahrenen Ärzte **Viola Andresen, Jörn Klasen, Matthias Riedl** und **Silja Schäfer** gilt: Essen als Medizin! Sie setzen gezielt auf moderne Ernährungsstrategien, um Symptome deutlich zu verbessern oder Krankheiten sogar zu heilen. Und beweisen in ihrer Hausboot-Praxis, dass durch eine Umstellung der Gewohnheiten oftmals schon innerhalb weniger Monate erstaunliche Erfolge erzielt werden können.

Eine Auswahl weiterer Bücher:

→ Die Ernährungs-Docs
→ Diabetes heilen
→ Starke Gelenke
→ Gute Verdauung
→ Starkes Herz
→ Unsere Anti-Krebs-Strategie
→ Zuckerfrei gesünder leben
→ Gesund und schlank durch Intervallfasten
→ Unser Anti-Bauchfett-Programm
→ Gesund abnehmen mit der Darm-fit-Formel

IMPRESSUM

Hinter jedem tollen Buch steckt ein starkes Team

Projektleitung: *Kathrin Ullerich*
Texte: *Franziska Pfeiffer, Kathrin Burger*
Rezepte: *Martina Kittler*
Lektorat: *Kathrin Gritschneder*
Redaktionelle Mitarbeit: *Katharina Henze*
Covergestaltung: *Ina Zimmermann*
Grafische Gestaltung und Satz: *Ina Zimmermann, Georg Feigl*
Fotografie: *Claudia Timmann (andere siehe Bildnachweis)*
Foodstyling: *Pedro Torres*
Herstellung: *Frank Jansen*
Producing: *Jan Russok*
Druck & Bindung: *optimal media GmbH, Röbel*

In Zusammenarbeit mit und lizenziert durch nonfictionplanet GmbH, Hamburg

1. Auflage 2023

Kaiserstraße 14 b
D-80801 München
ISBN: 978-3-96584-349-3

BILDNACHWEIS

Pauline Karlson: 13, 21, 23; Shutterstock: 6, 9, 14, 15, 25, 27, 29, 30, 31, 32, 33, 35, 38, 39, 41, 43, 44, 45, 47, 48, 49, 50, 54

LIEBE LESERINNEN, LIEBE LESER

wie schön, dass Sie ein Buch von ZS in den Händen halten. „jetzt leben!“ ist das Motto unseres Verlages. Es steht für Genuss und Inspiration, Unterstützung und Motivation. Ob Kulinarik oder Fitness, Gesundheit oder Lebenshilfe – seit über 30 Jahren bieten wir kompetente Ratgeber für (fast) alle Lebenslagen. Wir lieben Tradition genauso wie Innovation – sie treiben uns an. Unsere Autorinnen und Autoren sind Menschen, die zu ihrem Thema wirklich etwas zu sagen und zu schreiben haben. Unsere Produkte sind erzählerisch, appetitmachend und als gedruckte Bücher haptisch echte Erlebnisse. Für Sie mit ganz viel Liebe gemacht! Entdecken Sie mehr aus unserer wunderbaren Welt!

UNSER VERLAGSHAUS

Mit Standorten in München, Hamburg und Berlin zählt die Edel Verlagsgruppe zu den größten unabhängigen Buchanbietern Deutschlands. Zur Edel Verlagsgruppe gehört unter anderem ZS mit seinen Lizenzmarken Dr. Oetker Verlag, Kochen & Genießen und Phaidon by ZS.

ZS – Ein Verlag der Edel Verlagsgruppe
www.zsverlag.de
www.facebook.com/zsverlag
www.instagram.com/zsverlag

FÜR DIE UMWELT

ZS unterstützt bei der Produktion dieses Buches das Projekt „Junge Riesen für die nächsten 100 Jahre“ im Naturpark Nossentiner/Schwinzer Heide. Damit wird ein Anteil der unvermeidbaren CO_2-Emissionen im direkten Umfeld des Produktionsstandortes kompensiert.

PARTNER
Naturpark Nossentiner/Schwinzer Heide
www.optimal-media.com/naturschutzprojekt-001

NEWSLETTER

Was koche ich heute Feines? Und wie geht das – schmackhaft und gesund?

Melden Sie sich jetzt zum ZS-Genuss-Service an und verpassen Sie keine kulinarischen und gesundheitlichen Trends mehr.
Wir informieren Sie regelmäßig über unsere Neuerscheinungen, Aktionen oder Gewinnspiele und verraten Ihnen unsere Lieblingsrezepte!

GEWINNEN

Unter allen Neuabonnierenden verlosen wir jeden Monat eine *ZS-Genuss-Box* im Wert von 75,00 €.

Jetzt anmelden unter:
www.zsverlag.de/newsletter
oder den QR Code scannen:

ANMELDEN!